ALL TOCHIGI ATHLETE MAGAZINE

SPRIDE

スプライド特別号

# 栃木ＳＣ シーズンレビュー 2021“奮起”

TOCHIGI SC SEASON REVIEW

04　巻頭レポート「窮地を救った一体感。あの出来事で潮目が変わった」
12　田坂和昭監督 インタビュー「2021年の総括と未来に向けたエール」
18　ファンが選んだシーズンベストマッチ
20　ファンが選んだシーズンベストゴール
22　栃木の勇者たち ～ 33選手それぞれの2021シーズン～

柳 育崇　「圧倒的なキャプテンシーでけん引」
黒﨑 隼人　「“黒﨑劇場”で残留の原動力に」
西谷 優希　「言葉と姿勢で示した強い覚悟」
佐藤 祥　「守備の職人から力強く進化」
谷内田 哲平　「未来へはばたく土台を築く」
矢野 貴章　「数字では測れない貢献度の価値」
豊田 陽平　「光ったレジェンドの“人間力”」
乾 大知　「声で守備に安定感もたらす」
溝渕 雄志　「窮地救った『いぶし銀』」
大島 康樹　「多種多様な役割に全力」
森 俊貴　「10番らしく締めたシーズン」

ALL TOCHIGI ATHLETE MAGAZINE
SPRIDE
スプライド特別号

## 2021年　J２最終順位表

| 順位 | チーム名 | 勝点 |
|---|---|---|
| ① | ジュビロ磐田 | 91 |
| ② | 京都サンガF. C. | 84 |
| ③ | ヴァンフォーレ甲府 | 80 |
| ④ | V・ファーレン長崎 | 78 |
| ⑤ | FC町田ゼルビア | 72 |
| ⑥ | アルビレックス新潟 | 68 |
| ⑦ | モンテディオ山形 | 68 |
| ⑧ | ジェフユナイテッド千葉 | 66 |
| ⑨ | FC琉球 | 65 |
| ⑩ | 水戸ホーリーホック | 59 |
| ⑪ | ファジアーノ岡山 | 59 |
| ⑫ | 東京ヴェルディ | 58 |
| ⑬ | ブラウブリッツ秋田 | 47 |
| ⑭ | 栃木SC | 45 |
| ⑮ | レノファ山口FC | 43 |
| ⑯ | 大宮アルディージャ | 42 |
| ⑰ | ツエーゲン金沢 | 41 |
| ⑱ | ザスパクサツ群馬 | 41 |
| | J３降格 | |
| ⑲ | SC相模原 | 38 |
| ⑳ | 愛媛FC | 35 |
| ㉑ | ギラヴァンツ北九州 | 35 |
| ㉒ | 松本山雅FC | 34 |

開幕３連敗の無念、11試合連続勝ち星なしの屈辱、そして最終盤までJ3降格の危機にさらされた焦燥感──。栃木SCの2021年シーズンは、悩み、苦しみ抜いた末にチームの一体感でJ２残留を勝ち取った「奮起」の一年だった。

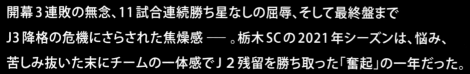

TOCHIGI SC SEASON REVIEW

# 栃木SC シーズンレビュー 2021 “奮 起”

# 窮地を救った一体感。あの出来事で潮目が変わった。

**11試合連続で勝利から遠ざかるなど苦しいシーズンだったが、結果は14位でフィニッシュ。チームには潮目が変わる大きなターニングポイントがあった。真夏のある日の出来事から今季を振り返ってみたい。**

鈴木康浩・文
青柳修、柴田大輔・写真

## 真夏の緊急ミーティング

灼熱の太陽が選手たちを容赦なく照りつけていた。8月の終わり、ホームに迎えた北関東のライバル、群馬との下位直接対決に0対1で敗れた栃木は、11試合連続未勝利という泥沼の中にいた。順位はついに降格圏の19位に転落した。

群馬戦の翌日、選手たちの表情には明らかに焦りの色があった。練習後、主将の柳育崇が音頭をとって選手たちだけで緊急ミーティングを実施することになった。

「みんなが疑心暗鬼になっていて、自分のことも、仲間のことも信じ切れなくなっているように僕には見えた。腹を割って話をしたほうがいいだろうと思ったんです」(柳)

各々が腹の中のあるものを出した。「試合で求められることができていない選手に対してもっと厳しい要求をしてもいいのでは?」。忌憚なく発せられる意見に対してみんなが顔を見合わせながら頷く。田坂和昭監督が「昨年に比べて今年は真面目で大人しい選手たちが多い」と評する選手たちの誰もが、ここで自分たちはひと皮剥けなければいけないと感じていた。

昨季のチームは放っておいても選手同士が密な関係性を構築できていた。明本考浩やエスクデロ競飛王といった明るい性格の彼らを中心に互いに茶々を入れ合うなど、先輩が後輩に、後輩が先輩に遠慮なく言い合える関係があり、練習の雰囲気にも活気があっ

井上
足利銀行
TKC
29
ATHLETA
kanseki
琉球銀行

た。試合に絡めない若手らは頼れる兄貴肌の菅和範らがサポートし、モチベーションを落とさずに日々に向き合えていた。

それらをベースに年間10位となった昨季の成功体験を活かそうと今季もスタートしたはずだった。だが、今季のチームはどこか物静かだった。田坂監督は「選手が変われば雰囲気も変わる」と擁護したが、昨季と比べると何かが足りなかった。みんなが黙々と練習に取り組んでいるのは悪くはないが、各々が腹の中に抱えたものを吐き出せずにいる印象はあった。

真夏の緊急ミーティングはその壁を取り払うのに絶好のタイミングだった。降格圏に転落し、あとがない危機感が選手たちの距離を急激に縮めていた。豊田陽平は「あのミーティングでかなり言いたいことは言えたと思う」と振り返った。

アウェイ愛媛戦は、何が何でも勝たなければいけない決戦だった。目の色を変えた選手たちは序盤から猛攻を仕掛けて9分にPKを奪いとって先制に成功した。だが折り返した後半は相手の猛攻を受けることになった。終盤にはさらに押し込まれ、幾度となく決定的なピンチを招いた。それでもGKオビ パウエル オビンナが右足一本で決定的なピンチを防ぎ切るなど、選手たちは粘りに粘った。腹の底から声を出して強固に

## あとがない危機感が選手たちの距離を急激に縮めていた。

結びつき、鉄壁の全員守備で凌いだ。そして、ついに試合終了のホイッスルが鳴った。選手たちは主将の柳を中心に皆が堅く抱き合った。それは、栃木が死の淵から生還した瞬間だった。

12試合ぶりの勝利は選手たちを勇気づけ、自信を取り戻させた。続く山口戦、さらに岡山戦を泥臭く勝ち切ると3連勝を達成。岡山戦の試合後、主将の柳は「みんなで『今はこうしよう』としゃべることができているし、それが好調の要因だと思う」と胸を張った。

チームの強みは昨季から継続してきたハイプレスだったが、今季は相手の対策も進むなかで序盤戦から苦戦を強いられた。栃木が前から奪いに来ることが分かっている相手は背後を取るための練度を高めて試合に臨んでいた。その栃木対策に対して栃木は容易には抗えずに苦境を強いられた。

その悪しき流れを変えたのは、真夏のダービー群馬戦の後から急速に密度が高まったコミュニケーションだった。試合中に前から奪いにいくハイプレス一辺倒ではなく、後ろに構えるブロック守備との使い分けができるようになったのは「練習中に話をする量が増えているし、試合中もお互いによくしゃべるようになってきている」（佐藤祥）という変化が功を奏していた。〝試合中の声〟の質が上がったことが守備戦術の使い分けを可能にしていた。

## 控え組のリーダーの千金弾

息を吹き返したチームの中で、試合出場が叶わないバックアップメンバーたちも輪から外れることはなかった。小野寺健也、岡大生、上田康太らが、出場機会を掴めずにもがく若手に声を掛けながら牽引し、リーグ戦の翌日に戦うトレーニングマッチの質を担保した。

小野寺は明治大学時代は3年生までまるで出番を掴めなかったが、愚直にやり続けることで4年生のときにレギュラーを獲得。そして大学三冠の栄光を掴んだ経験があった。

「明大の競争は非常に激しく、トップチームの公式戦に出場していないメンバーは応援や運営に回り、ときには試合会場とは異なる会場の審判を担当するために駆け付けることもありましたが、明大の先輩たちは愚痴もこぼさずに黙々とやっていた。それを見たら僕らもやらなければいけなくなるんです。自分がやることで『あいつも頑張ってるから俺もやらなきゃな』と周りが感じるし、だんだんとチームとして強い関係性ができてくるんです」

小野寺は栃木でもそれを実践した。試合に絡めなくとも愚直にやり続け、声で引っ張っていく背中を若い選手たちに見せ

た。大卒ルーキーの面矢行斗はシーズンの後半戦はほぼ試合に絡めなくなっていたが、「試合に出られていない先輩たちが一切愚痴をこぼさず自分がやるべきことを淡々とやっているし、いざ試合に呼ばれれば結果を出すための準備をしている。そこは徹底している」とまるで下を向いていなかった。試合に向けた紅白戦で仮想敵を演じることになる彼らが、高いモチベーションで練習のクオリティを維持していた。

3連勝でホームに迎えた北関東のライバル、水戸戦。北関東の宿敵に対して、群馬戦と同じようにホームで負けるわけにはいかない状況だったが、試合は気持ちと気持ちがぶつかり合う激しい死闘の末にドローで終わった。主力として出場した西谷優希は試合後に清々しい表情を見せていた。

「試合に出ている選手たちは何が何でもという気持ちを作ってダービーに挑んでくれました。ただ、それ以外の試合に絡めなかったメンバーたちも水戸対策として色々と準備段階からやってくれていたんです。そういう選手たちがいるからこそ、今の栃木は3連勝とか4戦負けなしといった状況を作れている。そういう選手たちがいることを僕たちは忘れてはいけないし、もっとたくさんの人たちに知ってもらいたいんです」

苦境に立たされたときにようやく深いところで繋がった。

チームの強化部は昨季から人間性を重視した選手獲得を推し進めてきた。それがシーズン序盤は「真面目さ」として色濃く出ていたが、夏が過ぎ、苦境に立たされたときにようやく深いところで繋がった。栃木はようやく本当のチームになれていた。

ホームで迎えた40節金沢戦。勝てば、ほぼ残留を手中にできる下位直接対決の大一番だった。出場停止の西谷に代わってピッチに立ったのは、控え組を牽引してきた小野寺だった。スタメン出場は半年ぶりだったが、小野寺はしっかりと準備ができていた。

そのときはやってきた。相手陣内で獲得したFKのキッカーは森俊貴。森が放ったキックは大きな放物線を描きながらゴール前の密集に飛び込んだ。高い打点から得意のヘディングでチームを勝利に導く千金弾を叩き込んだのは、小野寺だった。直後、小

野寺が笑顔満面で栃木ベンチへ走っていく。迎えた田坂監督に力強く抱きつくと、ベンチのメンバーたちに頭を叩かれながら揉みくちゃにされ、その輪が解けると小野寺はスタンド席にいる選手たちに向かって力強く拳を突き上げた。抱き合って喜ぶバックアップメンバーたちも小野寺に手を振った。

それが、今季のチームに流れる一体感を如実に物語る光景だった。

# 田坂和昭 監督

## 2021年の総括と未来に向けたエール

interview
鈴木康浩・文
柴田大輔・写真

**栃木SCで3年間指揮し、2021年限りで退任した田坂和昭監督。
今季を中心に振り返りながら、栃木SCが
未来に向けて乗り越えるべき課題などを語った。**

# KAZUAKI TASA

## 今年も揺るぎなかった一体感

──栃木で3年間の指揮を執りましたが、19年は劇的に残留し、20年は10位に躍進。今年は苦しみながらも14位で終わりました。指導者として責務は果たされたのでは？

「退任を発表したときに色々な人たちが連絡をくれて、改めてよくこの3年間を乗り越えたなと(笑)。僕自身は大丈夫という気持ちでいましたが、周りの評価では今年は昨年より戦力的に厳しいとの声もありました。戦力だけでいえば19年が一番あったと思います」

──19年。

「(西谷)和希、(浜下)瑛、オグリ(大黒将志)、エダ(枝村匠馬)もいました。それに今年は4チームが降格するわけで、周りからは『よく残留させたよ』という反応が多かった。何とかやれたんだなという感覚になります」

──残留するためには、一体感を持つ、守備力がある、大差負けしない、この辺が最低限必要かなと思いますがどうでしょう。

「そうでしょうね。それらがあれば何とか凌げると思います。もちろん、それがすべてではないのですが」

──栃木のような立ち位置のクラブは、そこだけ外さなければ大丈夫、ということがこの3年間で身に染みたのでは？

「19年に栃木に来たときに『これは簡単じゃない』と思ったし、これはどうにかしないといけない、という3年間でした」

──19年はなぜうまくいかなかったのでしょう。

「選手たちが同じ方向を向いてサッカーができていない、と最初に感じました。みんながあっちこっちに向いている感じがすごくあったんです」

──その反省を踏まえて、19年の最後の10試合は同じ方向を向ける選手たちだけでまとまって残留を掴んだ、という流れでした。あれから田坂監督も自身にメンタルコーチをつけるなどしながらチーム作りをもう一度勉強し直したと聞いています。それがその後の2年間の原点になっている。

「そうですね、原点です。自分自身にコーチングの先生を2人つけて、自分なりに選手へのアプローチの仕方を確立させる中で、チームの作り方を選手から学ばせてもらいました」

──アプローチの仕方はどう変えたのですか？

「トップダウンは一過性の効果は期待できますが、長続きしません。できれば同じ目線に立ってあげて、腹の中にあるものを吐き出させてあげる。そのための色々な取り組みをしていったんです。自分の中でサッカーを見る感覚、選手を見る感覚、チームを作る感覚、それらが大きく変わりました。この3年間で本当に勉強させてもらいましたね」

## 失点が増えた要因は？

──昨年は前線に明本考浩選手というタレントがいて、前からアグレッシブに奪いにいくハイプレス戦術を実行できました。彼が移籍して迎えた今季はなかなか難しかったと思います。

「今季はラストの2試合、残留が懸かった40節金沢戦、41節北九州戦のメンバーがベストメンバーだったと思います。昨年のチームにあった基準に達しているメンバーでした。アキ(明本)の代わりとは言いませんが、ジュニーニョは最初からフィットしていました。ただ、その他の新加入選手たちが今年はなかなかフィットするのに苦労した感覚はあります」

──昨年のベースから明本選手や田代雅也選手、そして両サイドバックが抜けてしまった痛さはあったと思います。

「振り返ってみれば、明本と田代が抜けた影響はかなり出ていたと思います。たとえば、今季は守備においてクロスからの失点が増えてしまったのですが、今年は1枚のCBが外に引っ張り出されてしまうとすごく脆いところもあった。もちろん(乾)大知も非常によくやってくれましたが、去年との違いは見えていたと思います」

Grandy
カワチ薬品
kanseki

interview

# KAZUAKI TASAKA

——リスタートからの失点も増えてしまったと思います。

「それも選手が入れ替わった影響はあったと思います。ＣＫから9点を取られて、直接ＦＫから3点を取られているんです。直接ＦＫの3失点はちょっと多いし、リスタートだけで18点取られているのも多いです。ちなみに、クロスからは19点も取られている。『クロスの失点を減らさなければいけないよ』という指摘は今シーズンの初めから伝えてきましたが、なかなか修正できなかった。僕らが共有していたのは『ゴール前で弾こう』と。サイドをやられてもゴール前で弾けばいい。だから、その前に『サイドでタイトな守備をしていこう』という順番を踏んでいましたが、なかなか改善できなかったと思います」

**自分の中でサッカーを見る感覚、選手を見る感覚、チームを作る感覚、それらが大きく変わりました。**

——相手の栃木対策も進んでいて、あからさまに栃木のサイドバックの背後を狙う傾向は強まっていました。それで失点する確率が高まったのでは？

「相手もしっかり研究してきてクロスを入れる本数を意図的に増やしてきたところはあったとは思うのですが、だからこそ、『クロスの対応はこうだよ』ということを明確にしてやってきたので『対抗できたのでは』という思いはあります」

## カウンターの得点が減った

——力のある選手たちが引き抜かれていき、不安もある中で、今年の前半戦は昨年の戦いをそのまま踏襲する形でした。貫いた理由は？

「残ってくれた既存の選手たちは何人かいたので、やりながら新加入の選手がフィットしてくれればと思っていました。様子を見ながら夏のウインドーまで行けるところまで行ってみようと。ダメでも既存の選手たちで固めれば何とかなるだろうと思っていました」

——ただ、新しい選手たちが難しさを感じていました。

「インテンシティがやや不足していたと思います。頭ではわかっていても、ジャッジする速さ、単純な3メートルから5メートルのスピードが上がってこなかった」

——そうして昨年一緒に戦ったインテンシティのある黒崎隼人選手や溝渕雄志選手らを呼び戻しました。勝ち点を取るために8月下旬から豊田陽平選手や谷内田哲平選手らもメンバーに

# 田坂和昭

**ここからどうやってプラスアルファを上乗せしていくのか。しっかり考えなければいけない。**

入ってきて、アウェーの愛媛戦の頃からやり方が変わりました。

「あのときは勝てない時期で失点も多かった。前に行ったときに背後を取られてやられてしまったり。町田戦もヴェルディ戦もそうでした。前がアプローチに行くときの後ろの押し上げがうまくいかなかった。ヤチ（谷内田）やトヨ（豊田）がメンバーに入ったのは、むしろ彼らは前へのアプローチが得意ではなかったので、前に行かない分だけ後ろが余裕を持って対応できるようになる。結果的にヤチもトヨも3点ずつ取って6点を取ってくれたし、10月は勝ち点も積み上げました。結果を残すためにテコ入れしたあのときの変化も悪くなかったと思っています」

――さらに時期が深まってくると、少し後ろに重たくなってしまう傾向があったから最後に矢野（貴章）選手や森（俊貴）選手をスタメンに起用して、もう一度前から行くように元に戻したという流れでした。

「そうですね。あとはケガをした選手たちが戻ってきました。ジュニーニョも（山本）廉も手術して戻ってきましたし、俊貴も一時期、パフォーマンスが良くなかったのですが、スタメンを外れたことで最終盤になって状態を戻してきてくれました」

――攻撃面はリスタートから得点は取れていましたが、ショートカウンターからゴールを奪いきるところが減りました。

「ショートカウンターとカウンターで合わせて6点しか取れなかった。去年は明本が個人で引っ掛けてカウンターを発動し、ゴールに突進してＰＫをもらってしまうようなシーンもありましたが、それも含めてショートカウンターからのゴールが減りました。それとクロスからの得点も9点しか取れなかった。逆に、リスタートからの得点はかなり増えていて、ＣＫ8点、ＦＫ5点、ロングスロー2点、ＰＫ2点、合計17点も取っているんです。だからこの順位になれたとも言えます。このサッカーをやっていてカウンターからの得点が少なくなったのは痛かった。それが今年苦労した一つの要因ではありました」

## 栃木が力をつけるには？

――栃木のような小さなクラブは他チームに戦力を引き抜かれる宿命にありますが、栃木が今後もっとレベルアップしていく方法として監督はどんな考えを持っていますか？

「もちろん、現場だけの問題ではないし、クラブとしてももう少し考えなければいけないと思います。秋田が良い例だと思います。自分たちがこういうサッカーをすると決めたならば、それを実行できる選手をほぼほぼ獲ってきている。誰が入ってもロングスローを投げられるし、リスタートのキッカーになる選手をどんどん集めている。栃木ＳＣがこれから考えなければいけないのは、自分たちのスタイルに合った選手を集めて、毎試合同じ強度感と同じポテンシャルを発揮できる試合を増やしていくことだと思います。ベストのメンバーが揃ったらできる、でもメンバーが代わったら強度感が落ちる、それで

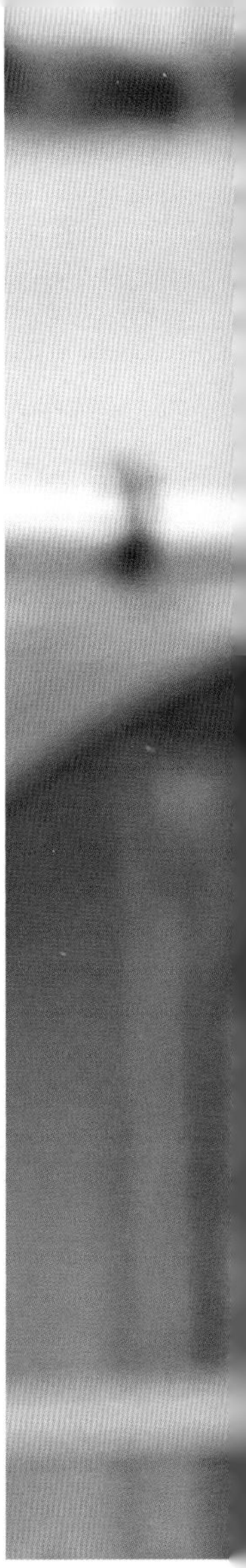

はなかなか安定しません」

――今年は昨年成功したスタイルを踏まえて選手補強をしてきたイメージはありますが、ズレがあったということですか？

「ズレというより、まだ足りないです。徹底が足りない。もっと栃木のサッカーに合う選手を獲ってこなければいけない。選手が代わったときに強度感が変わり、選手が代わったらロングスローを投げる人がいない、リスタートのキッカーがいない、という状況はこのサッカーをやる上では苦しい。その課題は今後に生かしていけばいいのかなと思います」

――それを徹底できるかどうかが、ひとまずJ2の中位に定着できるかのポイントですか？

「そうでしょうね。昨年からこのサッカーをやっているメンバーに一定の基準はありますから、そのベースに近い選手とプラスアルファを出せる選手が必要。そのプラスアルファの部分が先になってしまうと、ベースが薄くなってしまうので、ベース、プラス、プラスアルファを出せる選手を探すことだと思っています。育成段階でもそういう選手を育てていく必要はあると思います」

――今年ユースからトップチームに昇格した小堀空選手はどうですか？

「ユース昇格の選手は一人前になるのに3年は掛かると見ておいたほうがいいと思います。クラブがそれくらいのスパンで育てる覚悟を持つ必要はあると思います」

――J1の試合に出られていない若い選手を連れてきて順応させる手もありますね。それが今年でいえば松本凪生選手だったと思います。

「そうですね。彼なりに頑張りましたが、栃木に来たことでインテンシティの重要さがよく分かったと思う。J3では相手を止められてもJ2では止められなかった。その感覚はしっかり掴めていると思います」

――今年は大卒選手として面矢行斗選手や松岡瑠夢選手が入ってきました。来年、彼らがゲームに絡むために必要なものは？

「2人ともよく走れるので、その走りを活かすための良い判断が必要です。サッカーは、よーいドン！　で一斉に走らなくていいんです。よーい！　で走ってもいい。彼らの場合は、よーいドン！　で常に勝負しているから、まだまだです。彼らは良い素材を持っているので、それをどうやって引き出せるか。彼ら次第だと思います」

――今後の栃木SCに対してどんな思いがありますか？

# KAZUAKI TASAKA interview

TOCHIGI SOCCER CLUB

「もともと19年当初はポゼッションに取り組んでいたのですが、昨年から縦に速い、前からプレッシャーに行く栃木らしいサッカーにシフトし、しっかりスタイルを築けたと思います。ここからどうやってプラスアルファを上乗せしていくのか。クラブも含めてしっかり考えなければいけないと思います。今年は昨年のベースを維持できなかったことも苦しくなった要因だったので、そこをどうするか考えていかないといけない。来年のJ2も大変ですよ。J1から落ちてくるチームが強いし、栃木も頑張らないと」

――この3年間で、栃木は自分たちに流れているDNAの大事さに気付けたと思うし、結局は戻るところに戻ってきた印象があります。

「その意味では良い3年間だったと思いますね。まず現場のベースができた。それをこれから加入する新たな選手にも還元し、育成部門にも還元する。栃木のスタイルにマッチした選手を徹底して集めなければ効果的ではありません。資金力があるクラブではないので、ここに来た選手を育てて、売って、また育てて、売ってという循環を繰り返しながら大きくなっていく流れを作り出すことだと思います」

――田坂監督はこれからどういう道を進むのですか？

「どうしましょうかねぇ。ひとまず家族と話します（笑）」

――指導者をやりたいという希望はあるんですよね？

「それは要望がなければできないことです。僕は現役を31歳で辞めて、それからずっと育成部門のコーチをやったりしながら、37歳のときに初めてトップチームの監督になって、監督やコーチとしてずっと現場でやってきました。家族と相談しますが、ここで一度休憩を入れるのもありかなと思いつつ、要望があれば現場をやるかもしれません。とはいえ、この3年間は苦労したこともあり、ある人からは『サバティカルじゃない？』と言われるんです」

――サバティカル。

「研究者はずっと同じ研究をしているから、ときに半年ほどまったく異なることをして休息を入れるそうです。一度目や脳を休めて、その後また同じ研究をする。僕はずっと指導者をやってきたから『そういう休養を取るのもどうですか？』というアドバイスもあって、なるほどなあ、と。それも含めて家族と話してみます。でも、新事業を起こすとか、まったくサッカーと離れたことはしないですよ（笑）。僕はこれからもサッカー界に貢献したいし、ずっとサッカーに携わって生きていきたいと思っていますからね」

たさか　かずあき

1971年8月3日、広島県出身。
新たな戦術を積極的に取り入れ
駆使する向上心の塊のような指導者。
現役時代は平塚（現湘南）、
清水、C大阪でプレー。
引退後はコーチ経験を経て、
11年に大分の監督に就任。
清水や松本のコーチ、
福島での監督を経て、19年に
栃木SCの指揮官に就任した。

**下野新聞社では今季終了後、栃木SCの担当記者が運営するTwitterのアカウント「下野新聞／栃木SC番記者」（@smtk_tochigisc）で今季のベストマッチ及びベストゴールのアンケートを実施しました。フォロワーの皆さんのノミネートを元にそれぞれ５つの選択肢を設定。多数の方々に投票して頂きました。それらの結果に基づいたランキングをご紹介します。**

星国典・文
青柳修、石塚万知・写真

ベストマッチ第５位　第９節新潟戦
第5位

## 第3位

**第27節**
栃木 1 (1−0 / 0−0) 0 愛媛

### トンネル抜け出し３ヵ月ぶりの歓喜

11試合連続勝ちなしの苦境から抜け出した勝利。前節から先発を3人入れ替えて勝負をかけた一戦だった。約３カ月ぶりの歓喜がサポーターの心にも深く刻まれた。

## 第4位

**第4節**
栃木 2 (1−1 / 1−0) 1 山形

### 苦しみ抜いて手にした今季初勝利

開幕３連敗で迎えた敵地で、後半ロスタイムに柳が決勝ゴール。苦しみ抜いて手にした今季初勝利が、サポーターに安堵と勇気を届けた。

## 第5位

**第9節**
栃木 2 (1−1 / 1−1) 2 新潟

### 記録より記憶に残るナイスドロー

先制を許しながらも一度は逆転。試合終了間際に追い付かれて引き分けたが、互いの持ち味が真っ向からぶつかった内容は記録より記憶に残った。

TOCHIGI SOCCER CLUB

# ファンが選んだ 2021 SEASON BEST MATCH

# 2021シーズン×ベストマッチ

## 1位はファン沸かせた最多得点差の勝利～第15節松本戦

### 第1位　第15節 栃木 3（1－0 / 2－0）0 松本

### 停滞吹き飛ばす価値ある大勝

ベストマッチのアンケートで１位となったのは第15節松本戦。前節まで８試合連続勝ちなしと停滞気味だった状況で、松本相手に３点を奪った快勝劇に人気が集まった。ベストゴールの上位に入った森俊貴のボレーシュートなど、内容も詰まった今季最多得点差の勝利。残留を争った松本相手に今季は２戦２勝で、松本がＪ３へ降格したことも踏まえれば本当に価値のある勝利だった。

### 第2位　第29節 栃木 1（0－0 / 1－0）0 岡山

### 残留へ明るい兆し見えた一戦

低迷を脱し、敵地で３連勝を飾った一戦。相性の悪い岡山に対し、終盤に柳が決めた１点を守り切った。J2残留へ向けて明るい兆しが見えた一戦にサポーターの評価も高かった。

ベストマッチ第１位　第15節松本戦

ベストゴール第４位　第 15 節松本戦・ゴールを決めて喜ぶ森（中央）

## 第3位

### 初勝利もたらしたヘッド～第4節山形戦の「柳育崇」

試合終了間際、CKに頭で合わせた決勝点。シュートの難易度以上に、開幕３連敗の後に今季初勝利をもたらしたことがサポーターの支持を集めた。

## 第4位

### 高難度で意外性あふれる一発～第15節松本戦の「森俊貴」

松岡瑠夢のミドルシュートの跳ね返りを、トラップせずに右足でボレーシュート。高難度かつ森らしい意外性あふれる一発がサポーターの心を動かした。

## 第5位

### FWばりの正確なミドル決める～第28節山口戦の「柳育崇」

頭で決めることが多い柳が、右足のミドルシュートで鮮やかに打ち抜いた。FWばりの正確なコントロールに驚いたサポーターも多かった。

ベストゴール第５位　第 28 節山口戦・ゴールを決めて喜ぶ柳（中央）

TOCHIGI SOCCER CLUB

ファンが選んだ 2021 SEASON BEST GOAL

# 2021 シーズン × ベストゴール

星国典・文
柴田大輔、石塚万知・写真

**下野新聞社では今季終了後、栃木SCの担当記者が運営するTwitterのアカウント「下野新聞／栃木SC番記者」（@smtk_tochigisc）で今季のベストマッチ及びベストゴールのアンケートを実施しました。フォロワーの皆さんのノミネートを元にそれぞれ5つの選択肢を設定。多数の方々に投票して頂きました。それらの結果に基づいたランキングをご紹介します。**

## 第1位

### ワールドクラスの一撃が第1位に～第21節町田戦の「松本凪生」

栃木県グリーンスタジアムで目撃した人は幸運だったと言っていい。後半9分、距離約35メートル。CKのサインプレーでパスを受けた松本凪生が右足を振り抜くと、弧を描いたボールはファーサイドのサイドネットへ突き刺さった。本人が狙った以上に絶妙なコースを描いた一撃。松本が今季決めたゴールはこの１点だけだったが、ワールドクラスのシュートを評価する声はアンケートでも圧倒的に多かった。

## 第2位

### J2月間ベストゴールにも選出～第11節磐田戦の「ジュニーニョ」

前線で激しく守備を仕掛け、ボールを奪うと一瞬の判断で無人のゴールを狙った超ロングシュート。5月のJ2月間ベストゴールにも選出された。

ベストゴール第１位　第21節町田田戦　ゴールを決めて喜ぶ松本（中央左）

田坂和昭監督が指揮を執る「田坂栃木」のラストイヤーとなった2021年。
過酷なJ2残留争いの中でチーム全員が奮起し、それぞれの役割を着実にこなす中で飛躍、
成長を遂げてきた。栃木SC担当ライター、記者が一年間を通して見詰めてきた
「栃木の勇者たち」の素顔とは——。

青柳修、柴田大輔・写真　　写真提供・栃木サッカークラブ

2021 season 栃木SC

# 栃木の勇者たち 全選手紹介

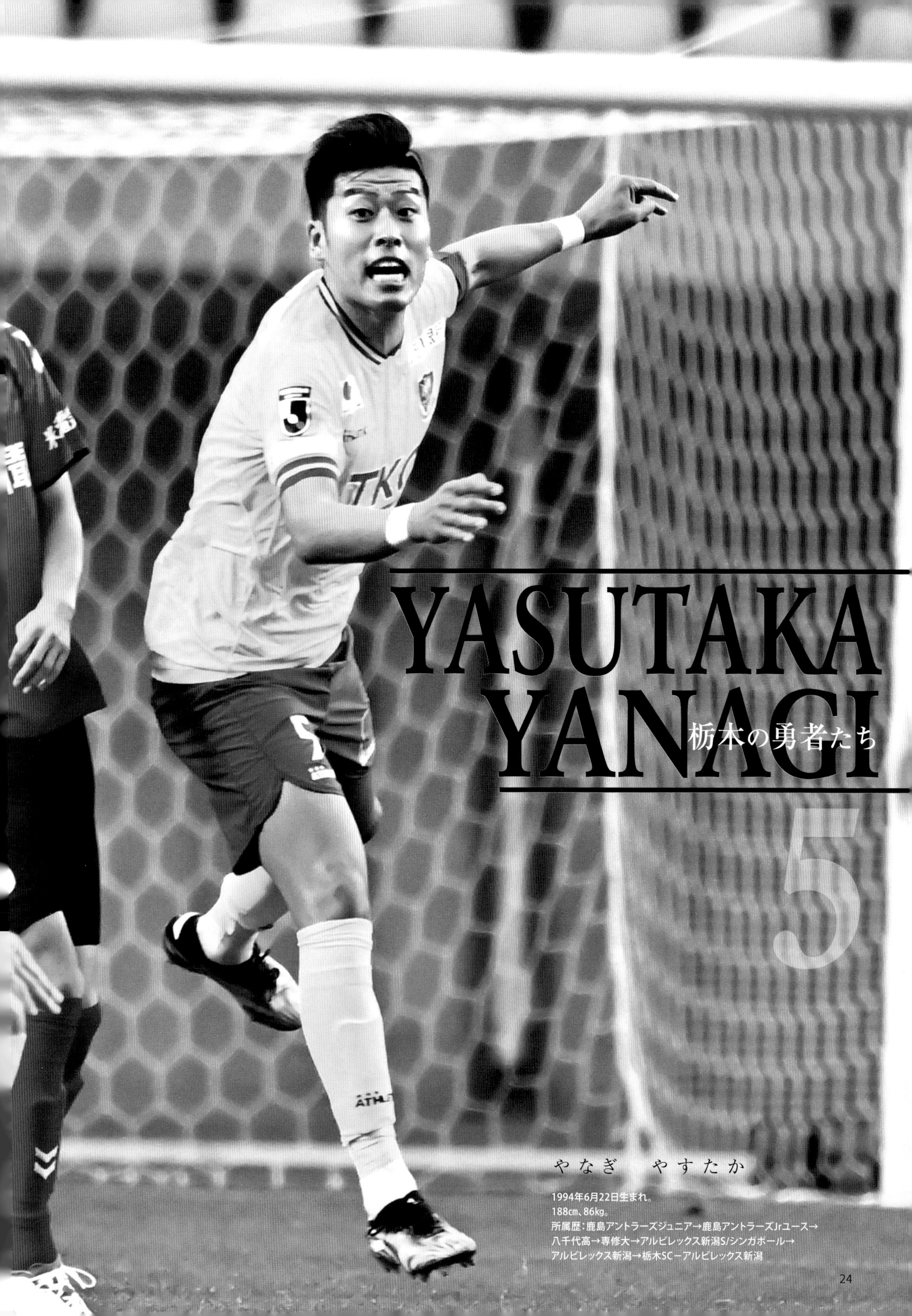

# YASUTAKA YANAGI

栃木の勇者たち

5

やなぎ　やすたか

1994年6月22日生まれ。

188㎝、86kg。

所属歴：鹿島アントラーズジュニア→鹿島アントラーズJrユース→八千代高→専修大→アルビレックス新潟S/シンガポール→アルビレックス新潟→栃木SC－アルビレックス新潟

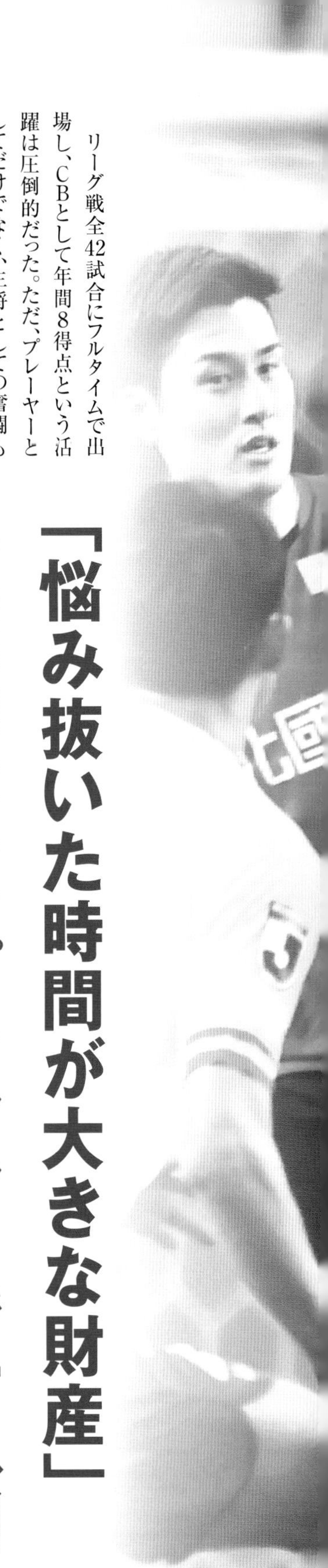

# 「悩み抜いた時間が大きな財産」圧倒的なキャプテンシーでけん引

## 柳育崇 5 DF

鈴木康浩・文

リーグ戦全42試合にフルタイムで出場し、CBとして年間8得点という活躍は圧倒的だった。ただ、プレーヤーとしてだけでなく、主将としての奮闘も特筆すべき1年だった。

　昨季は夏を過ぎた頃にレギュラーを掴み、オフに新潟から完全移籍を果たした。プロ5年目となる今年、田坂和昭監督から「主将をやってみないか？」と打診されたが自信をもてずに断った。だが昨年引退した前主将の菅和範から「やれるならばやった方がいい。人として幅が広がる」とアドバイスされて引き受けることに。初めは右も左もわからず、チームのことを考える余裕もなかった。次々とやって来る試合に全力でぶつかり、自身も得意のヘディングでゴールを奪うなどプレーで貢献した。だがチームが勝てない時期に突入すると主将として責任を感じてしまい連日思い悩んだ。25節群馬戦に敗れると11試合連続未勝利となり、ついに19位のJ3降格圏に転落。次節はアウェイで下位直接対決の愛媛戦が控え、もうあとがなく焦りしかなかった。

　憔悴しているのが伝わったのだろう。このとき手を差し伸べたのは主将経験のあるベテラン勢だった。愛媛戦の前日、グラウンドを一緒にジョグした上田康太は「楽しんじゃえばいいんだよ」と柳に言った。上田は柳が練習からあまりに堅くなっている様子を感じとり、「声を掛けないとダメだ」と思ったという。髙杉亮太は「自分たちのやり方なんてできなくてもいいから、結果的に勝てばいいんだよ」と強調した。柳の中で何かが軽くなる思いがした。「どんな内容でも勝てばいいと思うと腹を括れたところがあった」。迎えた愛媛戦は前半にPKで先制したが、後半は防戦一方になった。サンドバックのように攻め込まれる展開だったが柳は心の中で「最後に勝っていればいいんだ」と余裕を持てていた。全員守備の抵抗が功を奏し、愛媛の決定的なシュートが面白いようにゴールマウスを外れていった。試合終了のホイッスルが鳴ると、柳は無意識のうちに周りの仲間たちを呼び寄せ、強く抱きしめていた。12試合ぶりとなる勝利を掴んだ栃木には自信がよみがえり、続く28節山口戦、29節岡山戦といずれも柳が決勝ゴールを決めて勝ち切り3連勝を達成した。これがチーム、そして柳にとって今季のターニングポイントだった。

　柳は自分が考え過ぎて思い詰めてしまう性分であることを自覚する。だがシーズンの途中からそれすらも受け入れていた。

「練習が終わった瞬間に『明日の練習はどういう雰囲気でやろう』とか、クラブハウスに戻っていく選手がいれば『どんな言葉を掛ければ雰囲気が良くなるかな』とか、家でも常に考えを巡らせてしまう性分なんです。でも、それで勝つ確率が1％でも上がるなら受け入れて徹底的にやろうと。最後は周りにどう思われてもいいから、残留するために自分のすべてを尽くそうと思っていました」

　勝てば残留を手中にできる40節金沢戦、そして41節北九州戦。この時期の柳はもう以前の柳ではなかった。練習前、練習後、クラブハウス内。それらのほんの少しの時間を見つけては頻繁に全員を集めて同じ意識を共有するように促した。矢野が「この状況でこれを言えるんだ」と感心するほど、この頃の柳は圧倒的なキャプテンシーで選手たちを引っ張っていた。そしてこの連戦で2連勝を飾った栃木は残留を手中にした。

シーズンが終わり、柳の表情は晴れ晴れとしていた。

「チームが勝つために何をすべきか。あれだけ考え抜いたのは初めてでした。考え方の幅が広がったし、あの悩み抜いた時間は今となっては自分の大きな財産になっています」

　その握りしめた感触を頼りに、来季はさらなる飛躍を目指す。

# 「活性化させるために帰ってきた」〝黒崎劇場〟で残留の原動力に

# 黒崎隼人 33 DF

星国典・文

サッカー界はいつ、何が起きるか分からない。黒崎隼人の２０２１年は、その言葉を地で行くような波瀾万丈だったと言っていいだろう。20年シーズン後、栃木SCからJ1大分への完全移籍を決断。憧れの舞台へ挑むため、ジュニアユース時代から慣れ親しんだチームから、そして愛する故郷から旅立っていった。ところが、7月17日、彼が立っていたピッチは栃木県グリーンスタジアム。大分からの期限付き移籍で古巣への帰還を果たした。

大分でのリーグ戦出場は5試合で１４４分。3バックやウイングバックで起用されたが、残念ながら定位置を確保できなかった。5月下旬からはベンチ入りさえできない日々。「簡単に試合に出られるステージではない」と覚悟を決めていたものの、試合から遠ざかる状況では心穏やかに過ごせるはずもなかった。そんな迷路にはまりかけた黒崎の元へ、古巣からのオファーが届く。「山口強化部長から『帰って来ないか』と話が来ました」。簡単に答えが出せる話ではない。「栃木SCの成績は気にかけていた。オファーはうれしかった」とはいえ「非常に悩みました」。J1への挑戦へ快く送り出してくれたことも頭をよぎった。最後の決め手は「試合に出て初めて評価される」というシンプルな判断。まったく想定していない形で再び黄色いユニホームに袖を通すことになった。

戻ってきたタイミングは、残留争いに苦しみだした状況。「去年と比べて勢いがない」と感じた。出場機会が限られたとはいえ、J1を経験したことで得たものを栃木SCに還元したかった。「1対1では大分でも負けない自信があったが、距離感や判断、スピードが上の方になると違うと感じた」。栃木SCで再三見せてきたサイドライン際を上下動する運動量、フィジカルに加えてチームとしての対応、判断の重要さを痛感。栃木SCでも組織的な対応を向上させようと試みた。

例えば攻撃面。「相手の動きを見ながらサイドを崩そう」とボランチやサイドハーフとの連係を重視。ボールの持ち方や受け方などコミュニケーションを深めて少しずつ戦術の幅を広げていった。「チャンスをつくれたし、ゴールにつながった部分もある」と一定の手応えや成果を得た。一方で〝らしさ〟を見せることも忘れなかった。自陣でボールを奪った瞬間、スイッチが入ったかのように全速力のドリブルを開始。相手選手を振り切って数十メートルを突っ走る〝黒崎劇場〟が90分間に一度は展開された。「カウンターはチャンスになると思っているし、疲れているときこそ、そこは自分がストロングだと思っている」。好機を見逃さず、パワー全開で走りきれる理由はもう一つある。「栃木SCのいいところはカウンターをやりきれなくてもカバーしてくれる一体感がある」。黒崎の爆走はある意味、チームのまとまりを視覚化する目安だったのかもしれない。

栃木SC復帰後の7月17日の第23節甲府戦から最終節まで20試合連続で先発。試合終了間際に交代した第25節群馬戦を除き、19試合にフル出場した。「成長できる部分もあったし、責任や自覚を感じる1年だった」。大分で結果を出せなかった分、苦しんでいた栃木SCをJ2に残留させることに貢献できた。「そのために来たと言ったら何ですけど、チームを活性化させるために加入したと思っていたし、最低限の残留が達成できたのは良かった」。心残りがあるとすれば、プロ初ゴールがお預けになってしまったこと。チャンスは何度かあったが、あと少しのところで決められなかった。「サイドバックは点を取れれば評価が上がる。貪欲にやっていきたいです」。J1で輝く夢もお預けになったが、予想外の歩みが決して遠回りではないことをこれから証明してみせる。

くろさき　はやと

1996年9月5日生まれ。
182cm、77kg。
所属歴：岡本FC→栃木SCJrユース→
栃木SCユース→法政大→栃木SC→大分トリニータ

33

# HAYATO KUROSA

栃木の勇者たち

にしや　ゆうき

1993年10月5日生まれ。
165㎝、60kg。
所属歴：益子SCストラーダ→
JEF宇都宮→鹿島学園高→仙台大→
ヒラル マロク ベルグハイム／ドイツ→
TuSエルンテブリュック／ドイツ

# 14

# YUKI NISHIYA

栃木 勇者たち

# 「栃木を思う気持ちは誰にも負けない」言葉と姿勢で示した強い覚悟

# 西谷 優希 14 MF

鈴木康浩・文

その言葉や姿勢に、栃木を背負う覚悟が滲んでいた。

今季の西谷優希は2節からスタメンの座を掴むとケガをして離脱した時期以外は不動の立場を確保した。試合を重ねるごとに球際に飛び込む迫力やスピードが増していき、佐藤祥と組んだボランチコンビの強度はリーグ屈指と言われた。

8月の終わり。ホームで北関東のライバル群馬に敗れ、ついに降格圏に転落したとき、西谷が不甲斐ない戦いをしてしまった悔しさを押し殺すように言った。「僕は栃木県民です。栃木を思う気持ちは誰にも負けていません」。西谷を中心に奮起したチームは3連勝を飾って持ち直し、続いてホームに迎えたダービー水戸戦で死闘を演じた直後、西谷はまたもこんなことを言った。「みんなが栃木のためにという気持ちを出して戦ってくれた。栃木県民として感謝したいと思います」。18年の夏に栃木に加入して以降、常に謙虚で控えめな西谷がこれだけ栃木を意識した発言をすることはなかったので驚かされた。

西谷は「チームを思う気持ちが昨年よりも強くなっている」という。今年で28歳という年齢からか、試合に出続けている立場と責任が変えたのか、自分ではわからないが「勝ちたい、勝たせたい、自分が引っ張っていかなきゃ、という覚悟のようなものが芽生えてきている」。昨年から今年にかけて心の変化を感じていた。

それはかつて栃木で活躍した廣瀬浩二や菅和範らチームを長年支えたOBたちが示してきた姿勢だった。西谷も「二人から学んだことは今いる選手たちに伝えていかなければいけない」という思いを強く握りしめていた。

「栃木のプライドや誇りを持って戦うことだったり、練習から一切手を抜かないことだったり。例えば、マーカーを6つ並べるステップの練習一つとっても、以前（廣瀬）浩二さんに『楽をしないで1個目からしっかりステップを踏めよ』と教わったんです。『それを10回やったら10歩になるし、１００回やったら１００歩になる。それで他の人と差を付けるんだ』と。そういう栃木の魂のようなものを今後栃木を背負っていく（森）俊貴や（山本）廉らに言葉ではなく姿勢で伝えていけたらと思っているんです」

今季の練習風景からもその姿勢は見えた。西谷は全体練習後には必ず居残りで〝身体動作〟なる個人練習を欠かさなかった。その成果は夏を迎える頃から試合で発揮されるようになり、西谷が相手ボールに襲い掛かって次々と刈り取る場面が頻発した。西谷は守備で評価されるＪ２の週間ベストイレブンに何度も選出された。「自信になるし、多少無理が利くようになった。だからこそ、やめられないんです」

地道な作業である。揺るぎない思いを共有してきたのは、やはりＪ１徳島で活躍する双子の弟・和希だった。

「今は離れていますが、電話をすれば必ずトレーニングを共有するし、僕が良いと思う知識は必ずカズに伝えているんです。離れていてもお互いを高め合って成長できていると思います」

「永遠のライバル」である弟・和希がＪ１で活躍する姿は嬉しいし、なおさら「自分もＪ１でプレーしたい」との思いは日に日に強くなっている。それは、栃木をＪ１へ導きたいという気持ちが増していることと同義だ。

「去年も、今年も、勝つべき試合を勝っていけたらもっと上に行けていた。僕は残留できて喜んでいるチームにはなりたくありません。日に日にＪ１に昇格したいという気持ちが強くなっているし、栃木の歴史を変えたいんです。そうやって口にすることで僕自身もさらに強い意志が持てると思うから、来季はより積極的に発言していこうと思っています」

これまでも強い覚悟とともに確実に成長を遂げてきた。西谷は、掴み取るべき目標に向かって歩みを止めない。

25

# SHO SATO

栃木の勇者たち

さとう　しょう

1993年7月22日生まれ。

174cm、71kg。

所属歴：大森SC→ジェフユナイテッド市原・千葉U-15辰巳台→ジェフユナイテッド市原・千葉U-18→ジェフユナイテッド市原・千葉→ブラウブリッツ秋田→水戸ホーリーホック→ザスパクサツ群馬

# 「攻撃で貢献したかった」守備の職人から力強く進化

## 佐藤 祥 25 MF

星国典・文

佐藤祥という選手の良さを伝えるのは、簡単なようで難しい。チームの黒子役、縁の下の力持ち…。わかりやすく表現したつもりでも、彼の素晴らしさを伝えるにはどうにも物足りない。

　中盤の底を主戦場に、微妙な位置取りで仲間を援護し、時には激しくボールを奪取。また時には空いたスペースを懸命にカバー。ボールを奪えば攻撃の第一歩として判断していく。決して目立つ役どころではないが、チームのため地道に汗をかき、守備の職人のごとく愚直に役割を遂行してきた。

　そんな背番号25が今季、新たな世界を切り開いた。栃木SC加入2年目、J2でのプレー10年目。8月21日第26節東京V戦でその瞬間は訪れた。1点ビハインドの後半27分。右サイドから黒崎隼人が上げたクロスボールを森俊貴が頭で落とした所に、飛び込んできたのが佐藤。右足を振り切らずにシュートしたボールは、ポストに当たりながらゴールへ吸い込まれた。自身J2リーグ戦出場143試合目で決めたJ2初ゴール。「勝ち点に結びついた点を取ったことがなくて、こういう感覚だったんだ、と思いました」。同点になった状況だけに思い切り喜ぶわけにはいかなかったが、ゴールの味を心の中でかみ締めた。

　そして感情を爆発させたのが今季2点目。11月28日の第41節北九州戦だった。右サイドで畑潤基が懸命にキープしたボールを黒崎がつなぎペナルティエリア付近へ。相手のカット、シュートブロックより一瞬早く放った佐藤のシュートが、ゴール左へ突き刺さった。「畑がドリブルしてから、中の枚数が足りてないように見えてもう一人くらい絡めばと思って前の方に行ったら、畑がいい所までドリブルしたので、これはこぼれてくるだろうと呼び込みました」

　勝利を、そして自力でのJ2残留を大きく引き寄せた値千金の追加点。ゴールを決めた直後、他の選手を振り切るとベンチへ一直線に走って行った。「点を取り慣れてなくて、カッコつければ良かった。はしゃぎ過ぎたのは反省です」。でも、ベンチへ向かいたい理由があった。「居残りのシュート練習にコーチ陣に付き合ってもらっていて感謝したかった」。今季後半戦は攻撃時にゴール前へ顔を出すことを意識。「ゴールが欲しい思いがあったし、攻撃で貢献したいと思っていた」。やるべきことを怠らず、続けた結果が結実した一撃だった。

　今季のリーグ戦出場時間はチーム2位。名実ともに栃木SCにとって不可欠な存在となった。しかし、自己評価は厳しい。「苦しいことが多かった。個人的になかなかパフォーマンスを出せず、チームを勝たせるプレーができない試合が多かった」。夏場にチームが勝利から見放された時期のプレーに反省点が多い。「勝たなきゃいけないという思いが、逆にピッチ上で縮こまっていたのを今思えば感じています」。負けてはいけないという思いが、逆に後ろ向きになったことで積極性を失っていた。精神的に吹っ切れたのは、8月29日第27節愛媛戦で連続未勝利から脱出した後。「それまでは練習でやったこと以上のものを試合で出そうと気負っていた。試合でやっていることを練習でやろうとシンプルになれた」。試練を懸命に乗り越え、心身共に成長を遂げた佐藤が後半戦で躍動を続けたのは自然な流れだったかもしれない。

　「ボランチが攻撃に絡むチームは強いと、他のチームを見ていると思う」。守備の役割を果たしつつ、前に出る姿勢を求めていくのは来季も変わらない。攻守で存在感を示せる現代型のボランチ像を思い描きつつ、来季へ臨む姿勢はあくまで冷静だ。「一日一日の練習を一生懸命にやることで、求める世界は広がる。目の前のことを全力でやり続けたい」。佐藤が静かに、しかし力強く進化の階段を上がっていく。

# 谷内田 哲平 44 MF

## 「チームの中で自分は違い出せる」未来へははばたく土台を築く

星国典・文

もしかしたら、将来の日本代表を背負って立つ選手かもしれない。7月に京都から期限付きで加入した谷内田哲平は、そんな雰囲気を漂わせていた。

移籍を決めた理由からしてふるっている。栃木SCからのオファーを聞き「正直、自分が栃木のスタイルとは合っていない」と感じたという。まず守備の強度、タスクを求められる栃木のサッカーと、パスセンスやキープ力に長けた自身の特長を比べればその感覚は当然だ。しかし、そこで断らないのがある意味、谷内田らしいところか。「その中で自分が違いを出せるのでは、と直感した」。話を聞いてからほとんど迷わず、1日程度で栃木行きを決断した。

ピッチ上の谷内田を見れば、すぐに違いが分かる。慌てて前線に蹴らず、状況に応じて柔軟に次の選択肢を選ぶ。味方の攻め上がりを待ってキープか、自らドリブルで進むか、それともスルーパスを狙うか。ロングボールや速攻が中心だった今季の栃木SCに、夏場から新たな風を巻き起こしたのは紛れもなく背番号44だった。

世代別日本代表の経験を持ちながら今季、京都では出場機会が一度もなかっただけに、まるで水を得た魚のごとく中盤に君臨。第27節愛媛戦以降はスタメンに名を連ね続けた。自ら成長を実感したのは第28節山口戦。ドリブルで運んだ流れで再びボールを受けると、ゴール前で待つ豊田陽平の頭へアーリークロスをピンポイントで合わせた。「ああいう所で成長を感じました」。以後の試合で栃木SCがボールを奪えば、その多くは谷内田を経由して前線へと供給されていった。

栃木SCへ加入した当時は19歳。表情豊かに若さあふれる、と思いきやその対極にいたと言っていい。どんな局面でも顔色一つ変えず、黙々とプレー。「何かを考えてプレーするとうまくいかない。平常心でやることだけに集中する。日頃の練習の自信が大切だと思う」。メンタル面で揺れ動く場面もほとんど見せなかった。象徴的だったのは第33節松本戦。0-0の場面でPKのキッカーという大役を任されたが、置いたボールが強風で2度も動いてしまった。集中を保つにはあまりに難しく、ベテランでも嫌がりかねない場面。それでも、谷内田は動じなかった。「ああいうのもサッカー人生の中で大事になることだと思う。何も考えず、自信を持って蹴った」。ボールはバーを叩いたものの、バウンドした地点はきっちり白いラインを越えていた。残留争いの直接対決を制する、本当に大きなPK成功だったと言っていいだろう。

90分間のフル出場は一度もなかった。「交代する理由は分からない」と振り返ったが、だからこそ谷内田は自分に矢印を向けた。「それなら、限られた時間で何か結果を残そうと思っていた」。そんな強靭なメンタルの20歳も、先輩たちへの感謝は忘れなかった。不得手な守備について左サイドの溝渕雄志、佐藤祥が谷内田に対して細かく位置取りや役割を指示。攻め上がったスペースも2人がカバーしていた。「2人がボールを奪ってくれるし、自分がやりやすいようにできたのは2人のおかげ」

14試合3得点。谷内田が栃木SCで残した数字は、決して目立つものではない。「あと2点くらいは取りたかった」と物足りないことを認めている。ただし、残留争いを生き残ったチームにとって、そして谷内田自身にとっても大きな意味を持つ数字だ。「残留争いのプレッシャーがかかる試合を経験できた。今後のサッカー人生を考えても本当にでかかった。栃木での14試合があったから、と言えるようになりたい」。未来へ大きく羽ばたく土台を築いたに違いない。

やちだ　てっぺい

2001年11月1日生まれ。
170cm、64kg。
所属歴：長岡JrユースFC→帝京長岡高→京都サンガF.C.

44

# TEPPEI YACHIDA

栃木の勇者たち

やの　きしょう

1984年4月5日生まれ。

187㎝、78kg。

所属歴：ジュビロ浜北サッカースクール付属少年団→ヤマハジュビロSS浜北ジュニアユース→静岡県立浜名高→柏レイソル→アルビレックス新潟→SCフライブルク→アルビレックス新潟→名古屋グランパス→アルビレックス新潟

29

# KISHO YANO

栃木の勇者たち

# 「チームが勝つために何ができるか」数字では測れない貢献度の価値

百戦錬磨どころではない。10月24日、第35節町田戦でJリーグ通算５００試合出場を達成。矢野貴章はそんな偉大な記録に対して、極めて冷静に受け止めていた。「正直、５００試合ということに特に感じることはない。周りの人に言っていただけるのはうれしいけど、試合に出ているからどうこう、ということもない」

理由は明快だ。「僕より出ている人がたくさんいる」。例えば、南アフリカW杯を日本代表で共に戦った41歳の遠藤保仁はJリーグ通算７１８試合出場。２０２１年もジュビロ磐田の大黒柱としてJ1昇格に貢献、健在ぶりを見せつけた。代表のみならず柏レイソル、名古屋グランパスでも一緒にプレーし、21年限りで現役を退く玉田圭司はJリーグ通算５３０試合。単純に比較できるものではないが、矢野の立場からすれば５００試合という数字を誇る気にならないのは当然かもしれない。

こだわりは別の所にある。「一番はチームが勝つために何ができるのか」。出場した試合数より、どれだけ勝利に貢献できたか。その基準に照らし合わせれば、矢野の21年の自己評価はこうなる。「去年より順位が良くないし、得点数も去年より少ない。前線の選手として勝たせるゴールをなかなか奪えなかった」。20年が37試合出場7得点。21年は41試合出場4得点。コロナ禍による超過密日程だった前年より出場試合数が増えたにも関わらず、ゴール数の減少が何より納得できなかった。チームの状態や戦術にも左右されるだけに、数字がそのまま矢野に対する評価となるわけでもない。それでも「課題が残る。悔しい」と、納得できるシーズンではなかったことを強調した。

## 矢野 貴章 29 FW

星国典・文

自身にフォーカスしつつ、21年シーズンの難しさを感じていた。「去年は降格がないのでプレッシャーがなくのびのびできていた。降格がある今年は、試合の重みや緊張感を思い出させてくれた」。特例で降格がなかった前年から一転、4チーム降格というサバイバルをどう戦うか。若手選手が多いチーム状況を考えた矢野は、若手に対し積極的にアプローチした。「どうやって気持ちを保てばいいのか、僕のようなベテランがどう声をかければいいのか考えながらやっていました」。練習や試合中のみならず、ロッカールーム、さらには自宅に招いて手料理を振る舞うなど、あらゆる角度から若手の精神状態や思考を見極めていった。

「今年が去年と全然違う雰囲気になって1年間戦ったことは、栃木SCにとって良かったと思う」。前線で労を惜しまず体を張り続けた姿。ポジションを問わず、与えられた役割を遂行する姿勢。そして、言葉で仲間を励まし、奮い立たせた責任感。自身が残した数字以上に、チームへの貢献度は数字で測ることができない価値があると言っていいだろう。それらの役割をこなし続けた今季のリーグ戦出場試合数41はチームで2位。ただ単に積み重ねた数字では決してない。だからこそ「５００」の価値も数字以上に重いのだ。

来季でプロ生活19年目。技術の重要さを痛感しつつ、追い求めることはまだまだある。「J2は力の差がほとんどない。小さなことで結果が変わるし、何が勝敗を分けるのか難しい」。どんなに試合を重ねてもサッカーへ向き合う姿勢は、今もひたむきで純粋だ。「たくさん試合に出たからといって、緊張しないことはないし、気持ちが昂ぶることもある。勝てばうれしいし、負けたら悔しい。純粋にサッカーをできることが幸せ。プレーすることが好きなので」。矢野のまっすぐな思いを、試合の数だけピッチ上で表現していく。

# 豊田 陽平

31 FW

31

# YOHEI TOYODA

栃木の勇者たち

## 光ったレジェンドの“人間力”

とよだ　ようへい

1985年4月11日生まれ。
185cm、79kg。
所属歴：星稜高校→名古屋グランパスエイト→モンテディオ山形→名古屋グランパスエイト→モンテディオ山形→名古屋グランパス→京都サンガF.C.→サガン鳥栖 →蔚山現代FC(大韓民国)→サガン鳥栖

鈴木康浩・文

衝撃の電撃移籍だった。

得点力不足に喘いでいた栃木が夏の補強で白羽の矢を立てたのは、鳥栖のレジェンド、豊田陽平だった。元日本代表、J1で通算98ゴールを挙げた点取り屋。鳥栖では長く出場機会を失っていたが、豊田は加入会見で「自分が持てるものをしっかりと出し、チームがやろうとすることに貢献したい」と言葉に力を込めた。

豊田は当然のように前線の核となり、競り合いに臆することなく飛び込むパワーなどで相手を圧倒した。結果として奪ったゴールは3つと期待を超えるものではなかったが、大きなプレッシャーが掛かる残留争いの中、豊田はチームにメンタル面の安定をもたらすことでも貢献した。豊田には豊富な経験があり、周りが見える目があり、気を配れる繊細さがあった。

「『平常心でいこう』といった声掛けはするとしても、本当にナーバスになっていなければ無用にあれこれは言いません。上から一方的にあれこれと言ってしまってはプロサッカー選手に対するリスペクトを欠くからです。こういうシビアな時間を過ごすこと自体、若い選手たちにとって良い経験になるし、それぞれが乗り越えるべき時期だとみんなが理解していると思います。その中で僕が特に気に留めているのは試合に出る・出ないによって出てくる温度感です。僕自身も経験上わかりますが、試合に出られない選手は自分でダメな理由を探し始め、自分を追い込み、やがて見失うことがある。特にこの一カ月は広くアンテナを張りながら俯瞰し何かあれば声をかけるようにはしています」

こう話していたのが10月下旬。重圧が掛かる時期に豊田はチーム全体に目を配らせていた。残留争いもクライマックスとなった40節金沢戦。勝てば残留をほぼ手中にできる一番はベンチに甘んじた。だがリードしてハーフタイムに戻ってきた選手たちを笑顔とグータッチで迎え入れて盛り立てた。立場が変わればやるべきことを瞬時に理解して実行に移す。加入会見で約束していたチーム貢献を体現してみせた。

チームの強化部は近年、人間性重視の選手獲得を推し進めてきた。豊田も例に漏れず、チームの一体感を醸成するキーマンとして、今季の終盤戦に然るべき役割を果たしたのだ。

# 乾 大知

**36 DF**

いぬい　だいち

1989年12月2日生まれ。
所属歴：前橋ジュニア→FC前橋Jrユース→桐生第一高→流通経済大→ザスパクサツ群馬→V・ファーレン長崎→サガン鳥栖→V・ファーレン長崎→横浜ＦＣ→栃木SC→横浜FC→松本山雅FC

36

DAICHI INUI

栃木の勇者たち

## 声で守備に安定感もたらす

序盤戦は出番に恵まれず、ベンチ入りできない試合も少なくなかった乾大知。自らとチームの苦境を脱出するきっかけは、２０２１年シーズン2度目の先発出場となった8月29日の第27節愛媛戦だった。経験に裏打ちされた危機察知能力と強気の位置取りで奮闘。11試合勝利なしから抜け出す貴重な無失点勝利に導いた。

その後は先発に定着し、柳育崇とともに守備を統率。契約の関係上出場できない松本戦を除き最終節まで毎試合スタメンに名を連ねた。プレーのみならず、守備に安定感をもたらせたのは乾からの掛け声。「些細なことでも声をかけて情報を与えた。コミュニケーションが大事だった」。試合を重ねてパフォーマンスも向上。１試合あたりの走行距離やスプリント数が増え、「練習の強度や量が今までいたチームとは違うし、少なからず成長できたと思う」。

最終節琉球戦でＪ2リーグ戦通算２００試合出場に到達。自信を取り戻した乾にとっては通過点に過ぎない。「試合に出られない時期も多かったけど、もっと成長できるし、これからもやっていくだけ」。32歳の闘志はまだまだ熱く燃え続ける。

星国典・文
写真提供・栃木サッカークラブ

# 溝渕 雄志

49 DF

みぞぶち　ゆうし

1994年7月20日生まれ。
172cm、66kg。
所属歴：築地SSS→FC DIAMO→流通経済大付属柏高→慶応大→ジェフユナイテッド千葉→松本山雅FC→ジェフユナイテッド千葉→栃木SC→ジェフユナイテッド千葉

49

栃木の勇者たち

# YUSHI MIZOBUCHI

## 窮地救った「いぶし銀」

「田坂栃木」を知り尽くす男は頼もしかった。

昨季の栃木で34試合に出場した溝渕雄志が再び栃木に加入したのは8月頭のこと。当時なかなか勝てなかったチームのサイドバックとして守備の立て直しに貢献してみせた。栃木に復帰するなりこう強調した。「周りと頻繁に言葉を交わし、繋がりながら守備をすることが大事なんです」。やるべきことが整理されていた。数カ月が経ち、溝渕に〝繋がり〟について改めて聞くと笑顔で頷いた。「今は練習中にしゃべる回数が増えているし、しゃべって伝えなくても意思疎通できることが多くなってきました。僕が試合中にしゃべりにいこうとするタイミングを、たとえば祥君（佐藤）もわかってくれている」。守備の手応えとともにチームの戦績は安定し、安易な失点が減った。

「田坂栃木」は黒﨑隼人がいる右サイドが派手な攻撃を仕掛け、溝渕のいる左サイドはチームに安定をもたらした。昨季は10位と躍進したチームのサイドバックとして、溝渕は戻ってきた栃木で、いぶし銀の黒子的な貢献でチームを窮地から救ってみせた。

鈴木康浩・文

# KOKI OSHIMA

栃木の勇者たち

19

おおしま　こうき

1996年5月30日生まれ。
177㎝、66㎏。
所属歴：FCアビリスタ→柏レイソルU-12→柏レイソルU-15→柏レイソルU-18→柏レイソル→カターレ富山→柏レイソル→栃木SC→ザスパクサツ群馬

# 大島　康樹

**19 FW**

## 多種多様な役割に全力

大島康樹の本来のポジションはどこだったのか。そんなことさえ思い浮かぶほど、今季は多種多様な役割をこなしてきた。サイドバックは左右両方、ウイングバックに入るときもあれば、トップ下に入ることも。先発、途中出場問わず与えられたポジションで懸命に力を尽くした。

「試合に出られるならポジションはどこでもいい」と、貪欲に出番をつかんだ今季の出場試合数は30。派手なプレーを見せることは少ないが、攻守ともある程度の計算が立つ選手として欠かせない存在だった。

どこでもこなせるとはいえ、FWの嗅覚は決して失ってはいない。1得点に終わったことも納得していないはずだ。定位置をつかみきれなかったことも同じ。悔しさを糧にオンリーワンの存在を目指していく。

星国典・文

# 森俊貴

**10 MF**

もり　としき

1997年8月29日生まれ。
178㎝、71㎏。
所属歴：栃木SCサッカースクール→栃木SCジュニア→栃木SCジュニアユース→栃木SCユース→法政大

## 10番らしく締めたシーズン

# TOSHIKI MORI

## 栃木の勇者たち

鈴木康浩・文

シーズンの序盤、森俊貴の叫ぶような声がクラブハウスに響き渡った。

「俺はうまい10番じゃないんだよ！」

それは誰に向けるでもなく、苛立つ自分自身へと向けられていた。

大卒ルーキーだった昨季は18番を身にまとい、ボールを持てば怖いもの知らずで前にアグレッシブに突っかけた。それがチームに推進力をもたらした。プロ1年目ながら年間5ゴールを奪うと、今季は2年目の飛躍を期待する声が多数を占めた。シーズンオフにはクラブから背番号10番を身に着けることが了承され、乗り込んだ21年シーズンだった。

だがチームは出だしでつまづき、開幕3連敗を喫してしまう。森はチームが勝てない責任を感じ、冒頭のように、誰に向けるでもない苛立ちを声にするほかなかった。それでも、ときには森らしい難易度の高いゴールを決め切り、前半戦だけで5ゴールを奪った。そのまま順調に歩んでいくかに思われたが、甘くはなかった。

夏場に谷内田哲平や豊田陽平らが加入すると戦い方にも微修正が加えられ、27節愛媛戦からついにレギュラーから滑り落ちた。

「僕自身はずっとコンディションも上がっていなかったので、自分に自信を持てずにプレーしていたところがありました。『本当にスタメンで出ていいのかな？』と思うときもあったので、スタメンを外れたことは良い機会になると思っていました」

田坂和昭監督からは「攻撃に目が行き過ぎていて守備が疎かになっている」との指摘を受けていた。タフで粘り強い守備貢献は森の真骨頂のはずだった。その姿勢がまさか薄れているとは露にも思わなかった。

勝てば残留をほぼ手中にできる大一番となった40節金沢戦。森はスタメンとしてピッチに立つと、守備も、攻撃も、とにかくがむしゃらにプレーすることを心掛けた。そして35分、FKから小野寺健也の決勝ゴールをアシスト。続く41節北九州戦でもCKから柳育崇の先制ゴールを導く2試合連続となるアシストを決めた。これで2連勝を達成。自分たちの力でJ2残留を掴み取る中で、森が復活を印象づけた。

重圧の中で戦ったプロ2年目だった。森は苦しみながらも、最後に10番らしい仕事でシーズンを締めくくった。

# 山本 廉

**17 MF**

やまもと　れん

1999年5月8日生まれ。
180㎝、77㎏。
所属歴：日新サッカースポーツ少年団→
ブラウブリッツ秋田U-15→
栃木SCユース→栃木SC→
ブランデュー弘前FC→
栃木SC→
アルテリーヴォ和歌山

17

# REN YAMAMOTO

栃木の勇者たち

## ケガ乗り越え攻守でチームに貢献

31試合に出場した2020年に続き、チームの中心として期待された21年シーズン。山本廉にとってチーム復帰2年目に試練が待っていた。前に出る速さ、鋭さを武器として開幕戦から先発に定着した。しかし、第9節新潟戦から6試合は途中出場。課題だった守備で役割を果たしきれず、レギュラーを失いかけた。

第15節松本戦から先発に復帰。再び定位置を確保したかと思われたが、6月13日の第18節大宮戦で左肩を負傷。以前より脱臼癖があり、「反復性肩関節脱臼」の診断で長期離脱を余儀なくされた。

「焦りもあったし、もっとやらないと、と思ったりもしたけど焦っても仕方ないと思うようになりました」。長いリハビリを経て10月に通常練習メニューに合流。10月24日第35節町田戦で公式戦復帰を果たした。パフォーマンスも試合に出るたびに向上。肩周りを中心に補強運動を強化したこともあり、守備の1対1で粘り強さも出てきた。

第40節金沢戦からは3試合連続で先発。攻守で懸命に走り抜き、J2残留確定に貢献した。けがを乗り越え、心身共に成長を見せた21年。来季はさらにたくましくなった姿を見せてくれるに違いない。

星国典・文

20

# 三國 ケネディエブス

**20 DF**

みくに　けねでぃえぶす

2000年6月23日生まれ。
192cm、80kg。
所属歴：青森山田中学校→青森山田高校→アビスパ福岡

# MIKUNI KENNEDY EGBUS

## 身を削っていた期待の大器

栃木の勇者たち

鈴木康浩・文

不完全燃焼で終わらざるを得ない理由があった。

Ｊ１の福岡から育成型期限付き移籍で加入したのは5月。加入直後に迎えた15節松本戦ではいきなりスタメンのＣＢに配置され、スピードを伴わせた堅調な守備で3対0の快勝に貢献した。１９２㎝の高さという武器も栃木のリスタートをさらにパワーアップさせた。この松本戦の3点中2点は柳がＣＫから頭で押し込んだものだが、相手が三國ケネディエブスの高さを警戒したことでマークが分散した効果も少なからずあった。

だが、チームはこの松本戦に勝利したあと11試合も勝利から見放される停滞期に突入していく。三國はスタメンで起用され続けたが、ときにクリアボールを相手に渡してしまってピンチを招くなど、どこか散漫なプレーも見え隠れした。「高校時代から集中力を欠くと言われていたんです」。三國は陽気な性格ゆえにメディアの問いに笑顔で語っていたが、内心は穏やかではなかっただろう。

試行錯誤の末に12試合ぶりとなる勝利を掴んだ27節愛媛戦のスタメンに三國の名前はなかった。それ以降、シーズンが終わるまでベンチ止まりの日々が続いた。福岡から出場機会を大幅に増やすためにＪ２にやってきた若手有望株には、こんなはずではなかった、との思いもあっただろうか。

だが、シーズン終了後に不完全燃焼で終わった理由を田坂和昭監督から知らされた。「ケネディ（三國）は膝をケガしていて、痛いのをずっと我慢しながらも残留のために貢献してくれたんです」。三國はシーズン終盤は試合の最後に投入される守備固め要因、そしてチームの強みであるリスタート時の高さで役割を果たしていた。歯を食いしばり、チームがＪ２に生き残るために身を削っていたのだ。

# 畑 潤基 32 FW

はた じゅんき

1994年8月14日生まれ。
179㎝、79kg。
所属歴：大森FC→NagoyaS.S.→東海学園高→東海学園大→V・ファーレン長崎→アスルクラロ沼津→V・ファーレン長崎→アスルクラロ沼津→V・ファーレン長崎

栃木の勇者たち

JUNKI HATA

32

## 神出鬼没　後半戦陰の主役

後半戦の陰の主役は、畑潤基だったかもしれない。6月26日の第20節東京V戦で加入後初ゴールを決めると、出場機会の増加と比例するようにパフォーマンスが向上。右サイドやトップ下で抜群のボールキープ力を発揮し、停滞気味だったチームの攻撃に新たな風を吹き込んだ。

独特のリズムで運ぶドリブルは異彩を放ち、変幻自在に敵陣へ侵入。位置取りも左サイドまで顔を出すなど神出鬼没に動き回った。第41節北九州戦で2点目につながった動きのように、相手のマークをものともせず好機を演出。時折見せる正確なミドルシュートは相手ゴールを何度も脅かした。

序盤戦は特殊な守備戦術に対応しきれず、攻撃まで考える余裕を持てなかった畑。練習で必死に食らいついて戦術のツボを押さえてからは本来の姿を見せることができた。オフザボールの献身的な動き同様、ピッチを離れれば謙虚な人柄。心を奪われたサポーターは間違いなく多いはずだ。

星国典・文

# ジュニーニョ

**11 MF**

じゅにーにょ

1994年9月26日生まれ。
165cm、63kg。
所属歴：クルゼイロEC→FC大阪→京都サンガF.C.

# JUNIOR SILVA FERREIRA

栃木の勇者たち

## 「平常心」でハイプレス支える

鈴木康浩・文

ジュニーニョなくして今季の栃木のハイプレスサッカーは成り立たなかった。特に矢野貴章との前線のコンビは秀逸だった。高い強度を要する前線守備を2人が下支えした。

9節新潟戦は圧巻だった。当時開幕から負けなしで首位に立っていた新潟に対し、強引に前からボールを追い回して圧力を掛けると、相手の前進を阻み、守備でゲームを支配してみせた。11節磐田戦ではジュニーニョのアグレッシブさがゴールに繋がった。前に出てきた相手GKに対して矢野がチェイシング。慌ててGKが蹴り出したボールをジュニーニョがかっさらい、そのまま無人のゴールに流し込んだロングシュートは週間ベストゴールに選出された。

ただ、ジュニーニョはこの間も膝のケガを受傷しており、100%でプレーできていたわけではなかった。夏の3週間の中断期間を使って手術に踏み切ると2カ月ほど戦線から離脱。これもチームが終盤戦まで苦しんだ一つの要因となった。

10月中旬に復帰すると徐々にコンディションを上げていき、40節金沢戦と41節北九州戦には再び矢野と前線で黄金コンビを構成した。2人がアグレッシブなプレスで相手陣内に切り込むと、2連勝を掴み取るための原動力となり、残留を確定させた。

年間2得点という結果は少ないが、ジュニーニョは「まず僕がやるべき仕事をチームのために全力で体現することが大事」とまったく意に介さなかった。残留争いが佳境を迎える中でジュニーニョが強調していた「平常心」という言葉は、矢野が常々繰り返してきた言葉でもあった。まるでエゴを出さず、フォア・ザ・チームの精神に溢れた謙虚なブラジル人。矢野との名コンビが〝栃木らしさ〟を存分に体現していた。

# OBI POWELL OBINNA

栃木の勇者たち

# オビ パウエル オビンナ

50 GK

## 電撃復帰で存在感示す

電撃復帰だった。

横浜F・マリノスから栃木に加入した昨季、出場した9試合で次元が異なるキック力などで存在感を示したオビ パウエル オビンナ。彼が再び栃木に戻ってきたのは6月下旬のことだった。春先には横浜F・マリノスのGKとしてJ1の開幕スタメンの座を勝ち取り、アジアの戦いであるACLでも守護神としてピッチに立った。だがJ1の序盤戦を過ぎた頃から再び控えに回るようになった。厳しい立場になってから長い時間を逡巡した結果、栃木復帰を決めた。

「栃木はチームの雰囲気が非常に良かった。それに田坂(和昭)監督は去年、何も経験がない僕を信じてプロデビューさせてくれた人。感謝しかなかったし、移籍するならば他ではなく栃木しかあり得ませんでした。苦しんでいる栃木の力になりたかった」

復帰後はすぐさま守護神に定着。特筆すべきは27節愛媛戦の圧巻プレーだろう。チームは前節群馬に屈辱的な敗戦を喫すると19位降格圏に転落。もうあとがない状況で乗り込んだアウェイでの愛媛戦だった。1点リードで迎えた試合終了間際、相手が掴んだ最大の決定機に飛び出し、間一髪、伸ばした右足にボールを当てて掻き出した。それが栃木を12試合ぶりの勝利に導くビッグプレーとなった。

「去年までの自分だったら焦っていたと思います。後半アディショナルタイムが4分と掲示されたら『長い』『早く過ぎろ』などと思っていたし、自分のことしか考えられませんでした。それが今は試合の流れを読み、周りを見ながら指示を出すほどの余裕も出てきている」

10試合、20試合と栃木で実戦を重ねながら着実に成長を続けている手応えがあった。

今年開催された東京五輪はテレビで見届けた。長く候補に挙げれれながら本大会のメンバーから外れたことはショックだった。今でもJ1やACLの舞台で活躍する選手たちを見るたびに焦燥感に駆られる自分がいる。

「僕があの舞台に立つためにはここで活躍するしかないんです。どんなシュートを打たれても僕が止めて勝つような圧倒的なプレーをする必要があるし、そうやって栃木を残留に導けるかどうかだと思っています」

熾烈な残留争いのサバイバルレースの中で、オビは結果を残すために自分を奮い立たせた。そして栃木とともにJ2残留というミッションをクリアした。日本を代表するGKになろうとする若きGKに、また一つ、大きな経験が加わった。

おび ぱうえる
おびんな

1997年12月18日生まれ。
193cm、87kg。
所属歴：東大宮コスモスサッカースポーツ少年団→大宮アルディージャジュニア→JFAアカデミー福島U-15→JFAアカデミー福島U-18→流通経済大→横浜F・マリノス→栃木SC→横浜F・マリノス

鈴木康浩・文

栃木の勇者たち

# 松岡 瑠夢

**13 MF**

まつおか　りむ

1998年7月22日生まれ。
177㎝、65㎏。
所属歴：FC東京U-15むさし→
FC東京U-18→慶應大

# 13 RIMU MATSUOKA

## 手応えつかんだルーキーイヤー

鈴木康浩・文

慶應幼稚舎出身という異色の経歴を持つ松岡瑠夢のプロ1年目。シーズン序盤から他を圧倒するスピードでチーム戦術のハイプレスを体現し続けた。5節愛媛戦では松岡の果敢なチェイシングがスイッチとなり、相手ＤＦのミスを誘うとショートカウンターから矢野貴章のゴールをお膳立てた。コンスタントに試合出場を重ねながら、6月の天皇杯町田戦ではプロ初ゴールを含む2得点を決めるなど、ルーキーイヤーは順調な滑り出しに思えた。

だが、思わぬ落とし穴によって次第に出場機会を失ってしまう。同じく大卒ルーキーの面矢行斗とともにシーズン序盤から励んできた筋トレの成果でウエイトアップに成功したが、逆に、肝心要であるスピードやキレが鈍ってしまっていた。コーチングスタッフ陣から指摘され、身体のバランスを整える試行錯誤を進めていたが、ついに今季中にスタメンに返り咲くチャンスは訪れなかった。

「自分はプロ1年目からポンと活躍できるとは思っていなくて、これまでを踏まえれば、あれこれ考えてやっていきながら徐々に活躍できるようになるタイプだと思っているんです。でもその分2年目、3年目は絶対に活躍しなければいけない。それを楽しみにしているところもあります」

ＦＣ東京Ｕ-18でも慶応大学でもレギュラーの座を掴んだのは最高学年になってからだった。プロ1年目で掴んだものは、自分のプレーやスピードが通用するという手応えだ。さらに前進すべき2年目は必ず結果を掴んでみせる。

# 川田 修平

1 GK

かわた しゅうへい

1994年4月5日生まれ。
189㎝、82㎏。
所属歴：深谷豊里SSS→
FC深谷→
大宮アルディージャユース→
大宮アルディージャー栃木SC→
大宮アルディージャー栃木SC→
藤枝MYFC

栃木の勇者たち

星国典・文

# SHUHEI KAWATA

## 己と向き合い定位置奪還を

心優しき守護神にとって、明暗の分かれるシーズンだった。開幕から定位置を確保。第3節甲府戦を除き、6月26日の第20節東京V戦まで先発に名を連ねた。6月13日の第18節大宮戦では、大宮の下部組織出身の川田修平にとって念願だったNACK5スタジアム大宮でのプレーが実現。勝利で飾ることはできなかったが、高校生以来のピッチで躍動する姿を見せた。

しかし、育成型期限付き移籍で横浜MからGKオビ・パウエル・オビンナが加入した7月以降はスタメンから名前が消えた。7月7日の天皇杯3回戦鹿島戦は先発したものの、失点に絡むなど課題を露呈。2番手GKとして練習から懸命にアピールを続けた。誰からも愛される人柄と笑顔を持つだけに、サポーターからの人気が高い選手の一人。定位置を奪還するため、ひたむきに己と向き合っていく。

## 15 GK
# 岡 大生

### 天皇杯でビッグセーブ

天皇杯町田戦では終了間際のビッグセーブでチームを救った。リーグ戦の出場は叶わなかったがベテランGKの矜持は周囲に伝わっていた。同じく控えで出番を待ち続け、終盤戦にチャンスを掴んだ小野寺健也が話していた。「岡さんは心の波がない。常に準備できている」

おか　ひろき

1988年4月18日生まれ。
185cm、75kg。
所属歴：シルフィードＦＣ→
名古屋グランパスエイトジュニア→
名古屋グランパスエイトＪｒユース→
清水商高→駒澤大→ヴァンフォーレ甲府→
ジェフユナイテッド千葉→ヴァンフォーレ甲府→
カターレ富山

**鈴木康浩・文**
**写真提供・栃木サッカークラブ**

栃木の勇者たち

## 39 GK
# 東 ジョン

### 出番待ち続けた練習の虫

端正なマスクとは裏腹に、練習ではがむしゃらにボールに飛びつく荒々しさがあった。待てどもチャンスはやってこなかったが、東は練習の虫だった。水谷GKコーチの猛特訓にぐったりと突っ伏す姿も度々あった。プロ1年目の18歳。練習に全力を注ぐ日々だった。

ひがし　じょん

2002年5月2日生まれ。
187cm、84kg。
所属歴：東海スポーツ→
名古屋グランパスU-18→
名古屋グランパス

**鈴木康浩・文**
**写真提供・栃木サッカークラブ**

## 4 DF

# 高杉 亮太

### 陰でチーム支えた功労者

5月の練習中にアキレス腱を断裂し長期離脱となったが、ピッチ外でもベテランDFとして貢献しようとしていた。特に悩めるキャプテン柳育崇の相談役となり、経験豊富なCBとして、またキャプテン経験者として陰で支えた。自身は11月下旬に全体練習に復帰した。

たかすぎ　りょうた

1984年1月10日生まれ。
182cm、72kg。
所属歴：宇部中→高知高→明治大→FC町田ゼルビア→愛媛FC→V・ファーレン長崎

鈴木康浩・文
写真提供・栃木サッカークラブ

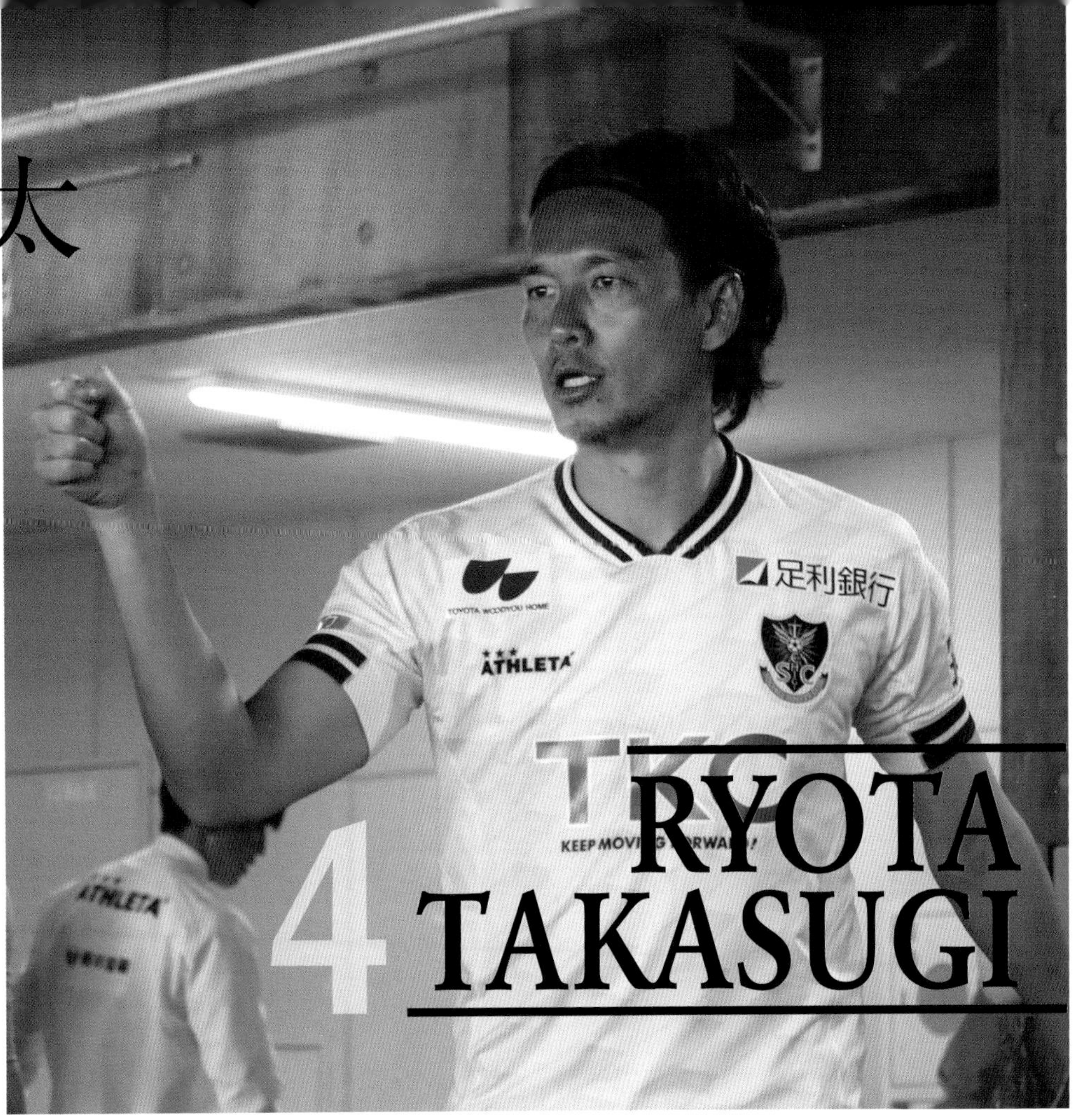


## 22 DF

# 小野寺 健也

### 愚直が生んだ千金ゴール

今季途中に出場機会を失っても愚直に準備を続けた。練習試合では一番声を出して盛り上げるリーダーだった。半年ぶりにスタメン出場を果たした40節金沢戦。35分に武器である高さから決勝点を奪い、チームの残留を決定づけた。愚直さが生んだ千金ゴールだった

おのでら　けんや

1997年11月18日生まれ。
184cm、77kg。
所属歴：秦野本町サッカー少年団→秦野南中→日大藤沢高-明治大→モンテディオ山形

鈴木康浩・文

# 40 DF
# 井出 敬大

## ケガ乗り越え<br>常に前進

シーズン序盤にケガで長期離脱したがリハビリでは高杉亮太や和田達也らと励まし合いながら苦しい時間を乗り越えた。シーズン終盤にチーム練習に合流。試合に出られずとも個人練習や筋トレの反復で少しでも前進しようとした。

いで　けいた

2001年8月18日生まれ。
180cm、71kg。
所属歴：カナリーニョFC→柏レイソルU-15→柏レイソルU-18→柏レイソル

**鈴木康浩・文**

**写真提供・栃木サッカークラブ**

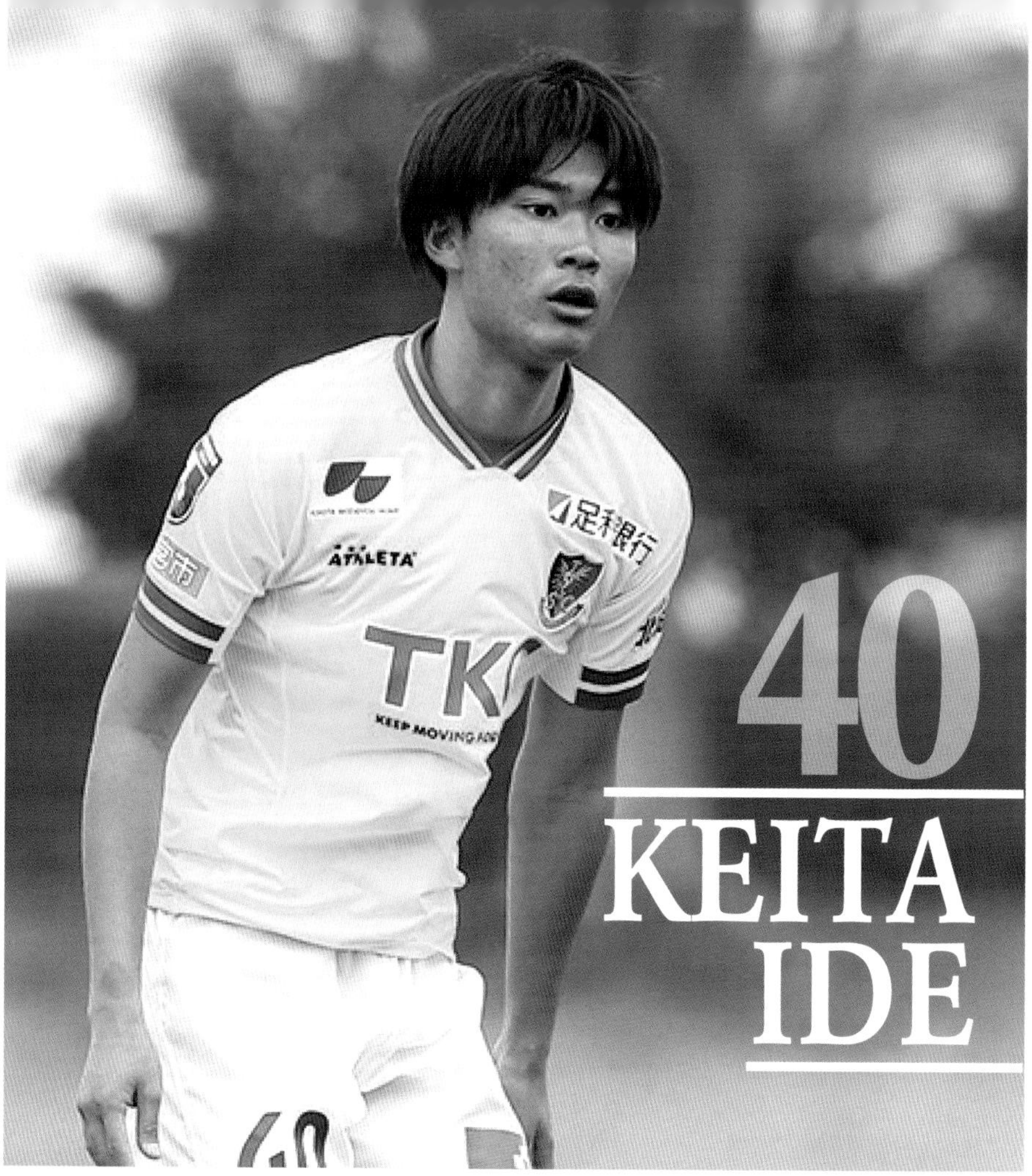




# 26 DF
# 面矢 行斗

## 序盤戦で<br>手応えつかむ

「左足のキック、前への思いきりの良さ、ドリブルの仕掛けは公式戦でも通用した」と手応えを口にした序盤戦は持てる能力を発揮したが、相手に対策された後半戦は試行錯誤が続いた。ただ、練習の虫だった。先輩西谷優希との個人特訓の成果は来季に実ることになるか。

おもや　ゆくと

1998年8月29日生まれ。
180cm、77kg。
所属歴：長尾SC→西長尾FC→京都サンガF.C.U-15→東海大仰星高→東海大

**鈴木康浩・文**

## 2 MF

# 吉田 将也

### 相手エース 抑え込む活躍

最大のハイライトは9節新潟戦。右サイドバックでスタメン出場し、相手のエース本間を抑え込んだ。シーズンを通して出場機会は掴めなかったが、かつて群馬でJ2昇格に貢献したときも控えから奮起したように、栃木でも己を信じて練習し続け、チャンスを待った。

よしだ まさや

1996年10月10日生まれ。

178㎝、73kg。

所属歴：あづまFC→ゼブラFC→成立学園高→東京農業大→ザスパクサツ群馬→松本山雅FC

**鈴木康浩・文**
**写真提供・栃木サッカークラブ**

---

## 34 FW

# 有馬 幸太郎

### チーム変える 起爆剤に

途中出場が多い中、チャンスが巡ってきたのは27節愛媛戦だった。当時11試合も勝利から遠ざかるチームが劇的に変わったときのスタメンの一人。前線で走力とキープ力、巧さを発揮すると、チームは危機的状況から3連勝を果たして難局を脱出した。

ありま こうたろう

2000年9月3日生まれ。

181㎝、71kg。

所属歴：鹿島アントラーズジュニア→鹿島アントラーズジュニアユース→鹿島アントラーズユース→鹿島アントラーズ→栃木SC→鹿島アントラーズ

**鈴木康浩・文**
**写真提供・栃木サッカークラブ**

## 16 MF
# 菊池 大介

### 湘南スタイルの走力健在

湘南スタイルの申し子。その走力は健在だった。チーム事情でサイドバックを任されることが多かったが、本来は前線の選手だ。攻撃でもっと力を発揮できた可能性はある。キックはさすがのクオリティで、15節松本戦ではCKから柳の2つのゴールをお膳立てた。

きくち　だいすけ

1991年4月12日生まれ。
172cm、68kg。
所属歴：就将SC→佐久サームFC→
湘南ベルマーレユース→
湘南ベルマーレーザスパ草津→
湘南ベルマーレ→浦和レッズ→柏レイソル→
アビスパ福岡→柏レイソル

鈴木康浩・文　　写真提供・栃木サッカークラブ

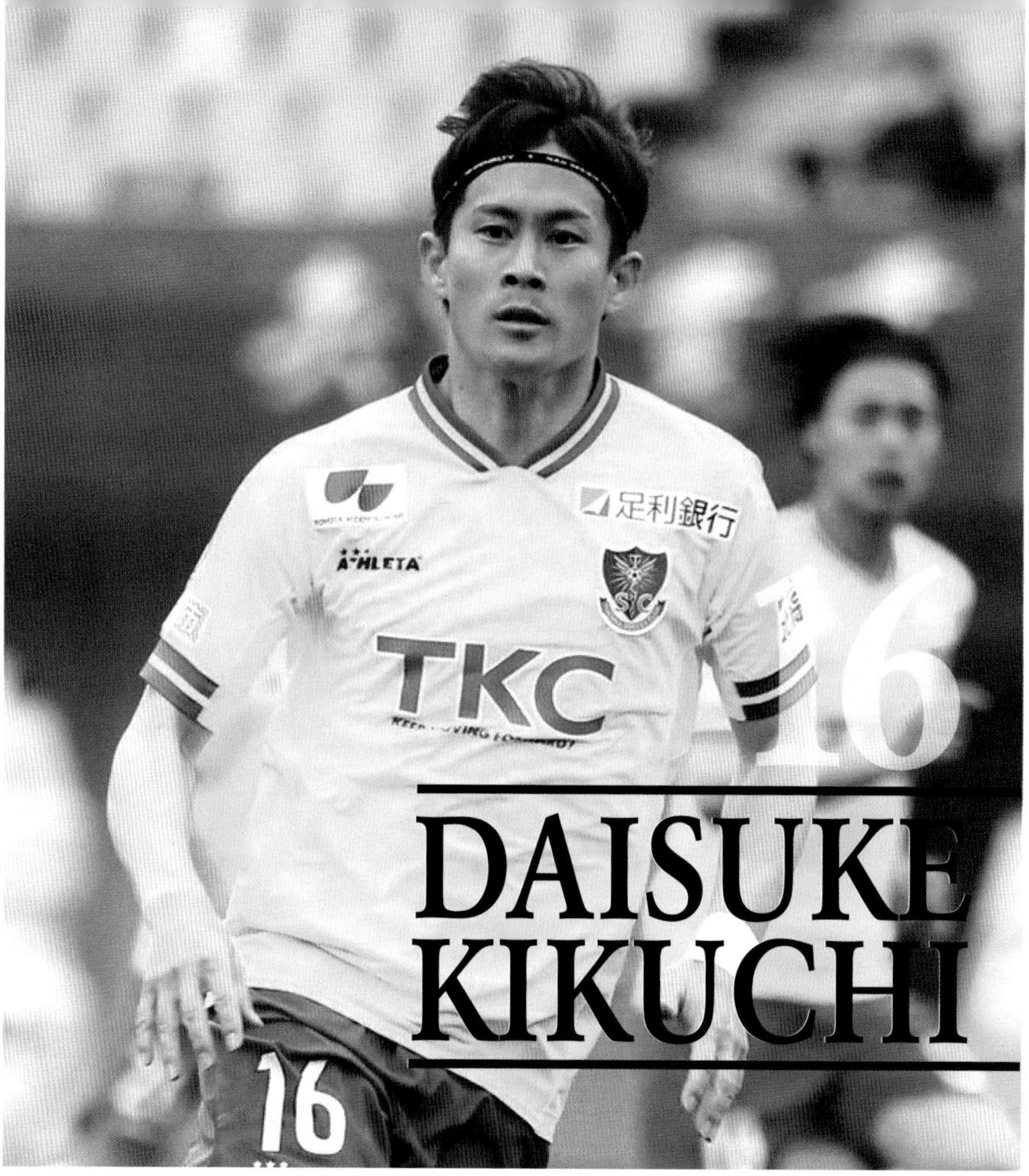


栃木の勇者たち

## 23 MF
# 植田 啓太

### 高いサッカーIQに期待

横浜F・マリノスで育った高卒選手が栃木で武者修行。他との違いを感じさせたのはサッカーを論理的に捉えて整理し言葉にする力だ。身体作りがまだ途上なので試合に多くは絡めなかったが、身体が出来上がれば高いサッカーIQを駆使して活躍し始めるだろう。

うえだ　けいた

2002年9月3日生まれ。
174cm、66kg。
所属歴：FCアムゼル→
横浜Ｆ・マリノスプライマリー→
横浜Ｆ・マリノスＪｒユース→]
横浜F・マリノスユース→横浜F・マリノス

鈴木康浩・文　　写真提供・栃木サッカークラブ

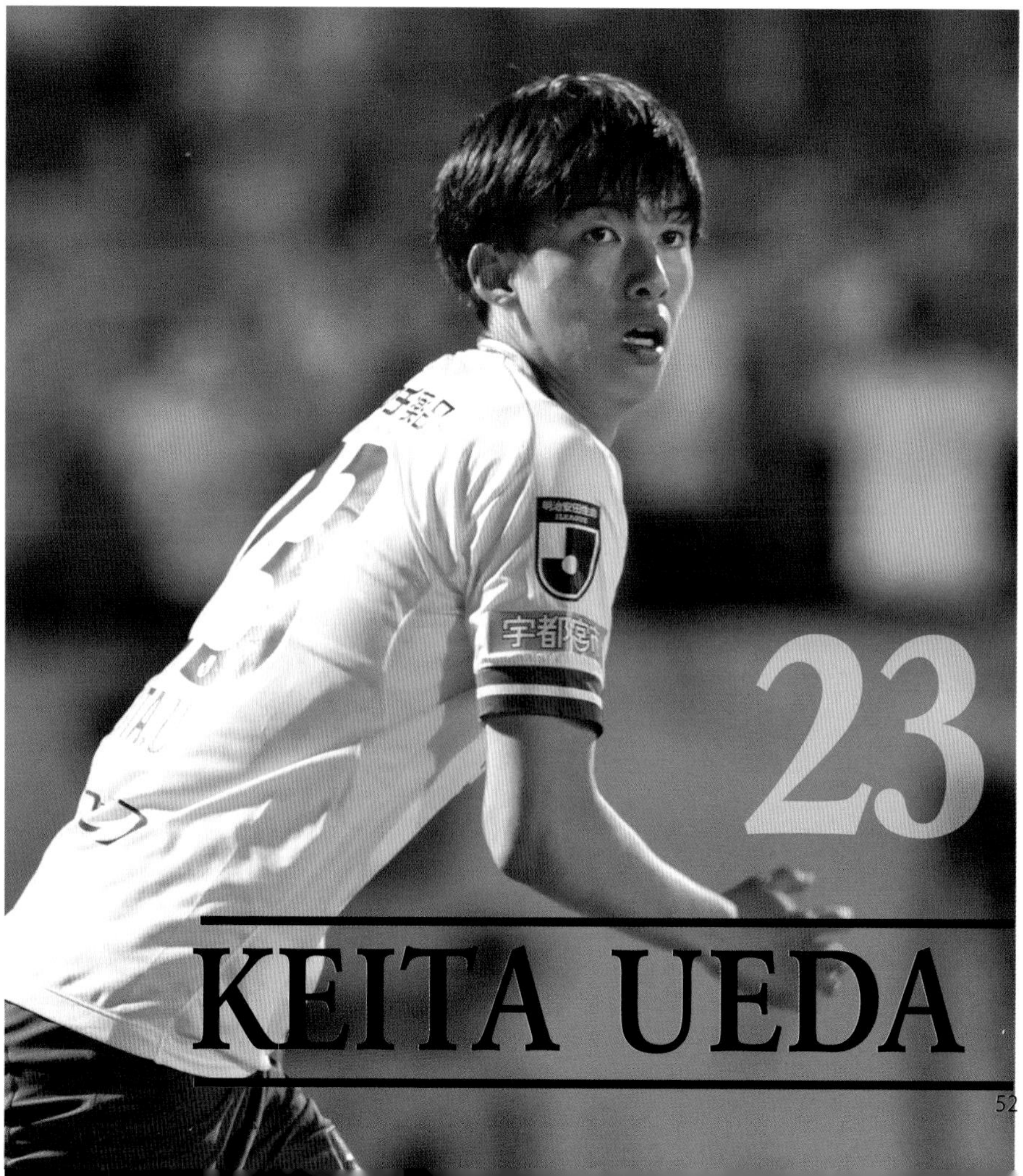

## 24 MF

# 和田 達也

### 完全復活への戦い続く

20年夏に靭帯断裂の大けがを負い、リハビリに励んだ1年だった。復帰しても患部がぶりかえすなど苦しいリハビリが続いた。11月下旬にようやく練習に本格合流し、最終節にはベンチ入りを果たした。栃木のJ3時代を知る一人だった。完全復活への戦いが続く。

わだ　たつや

1994年6月21日生まれ。
164㎝、61kg。
所属歴：長野FC→長野FCJrユース→
興國高→松本山雅FC

**鈴木康浩・文**
**写真提供・栃木サッカークラブ**

---

## 37 MF

# 上田 康太

### タスクに苦しんだ1年

田坂栃木の独特なボランチのタスクに苦戦した1年だった。何とか順応して武器である勝負を決めるパスを送り込もうと模索したが、思うようにいかなかった。リーグ屈指のFKの名手だが、今季はその左足が輝くチャンスは訪れなかった。

うえだ　こうた

1986年5月9日生まれ。
174㎝、67kg。
所属歴：柏レイソル青梅→ジュビロ磐田ユース→
ジュビロ磐田→大宮アルディージャ→
ファジアーノ岡山→大宮アルディージャ→
ジュビロ磐田→ファジアーノ岡山

**鈴木康浩・文**

## 41 MF

# 松本 凪生

### 武者修行の成果に期待

C大阪の若手有望株として栃木で武者修行した1年。ボールを持ったときの視野の広さや足下の技術の高さは折り紙付きだった。9節新潟戦では鮮やかな縦パスから面矢行斗のゴールの起点に。後半戦は佐藤と西谷の牙城を崩せずベンチを温めた。これからの選手だろう。

まつもと　なぎ

2001年9月4日生まれ。
171㎝、65kg。
所属歴：喜連東ＦＣ→セレッソ大阪U-15→セレッソ大阪U-18→セレッソ大阪

**鈴木康浩・文**

## 38 FW

# 小堀 空

### 貴重な経験を明日の糧に

栃木SCユースからトップチームに昇格して迎えた1年目はプロの環境に慣れることがテーマだった。天皇杯では町田戦と鹿島戦に出場。相手DFとの競り合いに苦戦したが、それも貴重な経験だ。来季も実になる経験を積めるかどうかで成長の度合いは変わる。

こぼり　そら

2002年12月17日生まれ。
186㎝、78kg。
所属歴：TEAMリフレSC→栃木SCJrユース→栃木SCU-18

**鈴木康浩・文　写真提供・栃木サッカークラブ**

## 27 FW

# 五十嵐 理人

### J2と大学を掛け持ち

栃木SCの特別指定選手としてJ2と、鹿屋体育大での活動を掛け持ちした1年。J2では限定的な出場に留まった。10節金沢戦では20分ほど出場時間を掴み、強烈なミドルを放つなど点取り屋の片鱗が覗えた。来季は前橋育英高の同期の宮崎鴻と前線で暴れまくる。

いがらし　まさと

1999年6月13日生まれ。
176cm、70kg。
所属歴：ともぞうSCジュニア →
ともぞうSCジュニアユース →
前橋育英高校 → 鹿屋体育大学(在学中)

鈴木康浩・文
写真提供・栃木サッカークラブ

# STAFF スタッフ

| | |
|---|---|
| 監督 | 田坂 和昭 KAZUAKI TASAKA |
| ヘッドコーチ | 菅原 大介 DAISUKE SUGAWARA |
| コーチ | 兼村 憲周 NORICHIKA KANEMURA |
| GKコーチ | 水谷 雄一 YUICHI MIZUTANI |
| チーフトレーナー | 松本 祐太 YUTA MATSUMOTO |
| トレーナー | 溝口 徹 TORU MIZOGUCHI |
| トレーナー | 榮 裕二郎 YUJIRO SAKAE |
| 通訳(ポルトガル語) | 渡辺 ブルーノ英男 HIDEO BRUNO WATANABE |
| 主務 | 人見 俊輔 SHUNSUKE HITOMI |
| マネージャー | 榊原 達也 TATSUYA SAKAKIBARA |

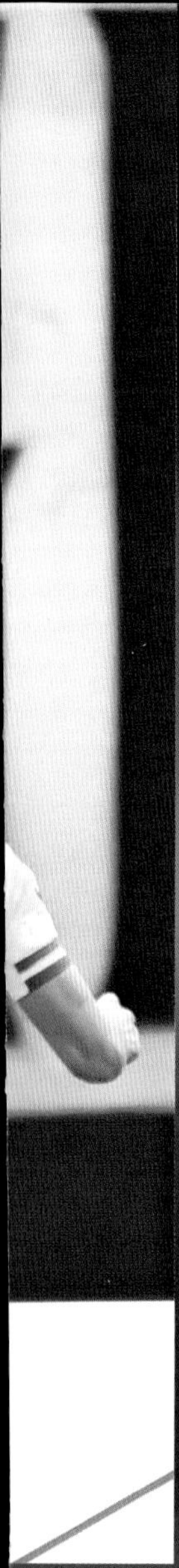

## 栃木SC 2021シーズン 全42試合プレイバック

2020年シーズンから引き続き、新型コロナウイルス禍の渦中で展開された21年のJ2リーグ。
開幕3連敗の厳しい滑り出しとなった栃木SCは、第7節終了時点でリーグ8位の好順位につけたものの、
その後は厳しい順位争いを余儀なくされた。第25節終了時点ではJ3降格圏の
19位にまで追い詰められたが、そこから栃木SCイレブンの奮起が始まった。
最終盤までサポーター、ファンの目をくぎ付けにしたシーズンの全42試合を振り返る。

青柳修、菊地政勝、柴田大輔、橋本裕太、石塚万知、柴山英紀・写真

# TOCHIGI SC 42 GAMES
# SEASON PLAYBACK 2021

game.1

# SEASON PLAYBACK 2021

栃木SC　2021シーズン全42試合プレイバック

2021シーズンの戦績と順位　**10勝15分け17敗**

| | | | |
|---|---|---|---|
| 第1節 | ● 0－2 | 岡山 | |
| 第2節 | ● 0－1 | 秋田 | 21位 |
| 第3節 | ● 1－2 | 甲府 | 22位 |
| 第4節 | ○ 2－1 | 山形 | 19位 |
| 第5節 | ○ 2－1 | 愛媛 | 12位 |
| 第6節 | ○ 1－0 | 山口 | 9位 |
| 第7節 | △ 0－0 | 相模原 | 8位 |
| 第8節 | △ 0－0 | 千葉 | 10位 |
| 第9節 | △ 2－2 | 新潟 | 11位 |
| 第10節 | △ 1－1 | 金沢 | 10位 |
| 第11節 | ● 2－3 | 磐田 | 11位 |
| 第12節 | ● 1－2 | 北九州 | 16位 |
| 第13節 | △ 1－1 | 水戸 | 16位 |
| 第14節 | ● 2－4 | 琉球 | 17位 |

| | | | |
|---|---|---|---|
| 第15節 | ○ 3－0 | 松本 | 16位 |
| 第16節 | △ 0－0 | 群馬 | 15位 |
| 第17節 | △ 0－0 | 京都 | 15位 |
| 第18節 | △ 1－1 | 大宮 | 15位 |
| 第19節 | ● 0－2 | 長崎 | 16位 |
| 第20節 | ● 1－2 | 東京V | 16位 |
| 第21節 | △ 1－1 | 町田 | 17位 |
| 第22節 | ● 0－3 | 新潟 | 17位 |
| 第23節 | ● 0－1 | 甲府 | 17位 |
| 第24節 | △ 0－0 | 相模原 | 17位 |
| 第26節 | △ 2－2 | 東京V | 17位 |
| 第25節 | ● 0－1 | 群馬 | 19位 |
| 第27節 | ○ 1－0 | 愛媛 | 17位 |
| 第28節 | ○ 3－2 | 山口 | 14位 |

| | | | |
|---|---|---|---|
| 第29節 | ○ 1－0 | 岡山 | 14位 |
| 第30節 | △ 0－0 | 水戸 | 14位 |
| 第31節 | ● 0－2 | 京都 | 14位 |
| 第32節 | ● 1－3 | 大宮 | 15位 |
| 第33節 | ○ 1－0 | 松本 | 14位 |
| 第34節 | △ 1－1 | 磐田 | 14位 |
| 第35節 | △ 0－0 | 町田 | 14位 |
| 第36節 | ● 1－2 | 山形 | 14位 |
| 第37節 | ● 0－1 | 千葉 | 14位 |
| 第38節 | △ 1－1 | 秋田 | 15位 |
| 第39節 | ● 0－3 | 長崎 | 15位 |
| 第40節 | ○ 1－0 | 金沢 | 15位 |
| 第41節 | ○ 2－1 | 北九州 | 14位 |
| 第42節 | ● 1－2 | 琉球 | 14位 |

## 第1節 2月28日(日)

**カンセキスタジアムとちぎ＝4616人**

# ファジアーノ岡山 × 栃木SC

## 迫力を欠き開幕戦飾れず

ホームでファジアーノ岡山と開幕戦を戦ったが、0－2と完敗を喫し、2016～17年のJ３時代を含め7季連続で開幕戦勝利を逃がした。前半23分にDF面矢行斗のハンドで与えたPKを決められ、後半30分にはクロスのこぼれ球から豪快なミドルシュートを突き刺されてしまった。その後、DF柳育崇を前線に上げてパワープレーを仕掛けたが、実らなかった。

| 岡山<br>1勝(3) | | 栃木<br>1敗(0) |
|---|---|---|
| 2 | 1－0<br>1－0 | 0 |
| 金山 | GK | 川田 |
| 河野 | | 柳 |
| 浜田 | | 髙杉 |
| 井上 | | 面矢 |
| 徳元 | | 山本 |
| 木村 | | 佐藤 |
| 白井 | | 上田 |
| 喜山 | | 森 |
| 上門 | | 菊池 |
| 齊藤 | | 松岡 |
| 宮崎 | | 畑 |
| (4・4・2) | | (3・4・3) |
| 6 | SH | 6 |
| 2 | CK | 6 |
| 17 | FK | 8 |
| 1 | PK | 0 |

○得点
【岡】宮崎(PK)①、喜山①
○交代
【栃】ジニー(後17分、松岡)
矢野(後17分、畑)
大島(後31分、山本)
西谷(後31分、佐藤)
小野寺(後35分、菊池)
【岡】山本(後24分、木村)
阿部(後24分、宮崎)
パウリ(後38分、喜山)
関戸(後38分、上門)
川本(後45分、齊藤)

## 第2節 3月7日(日)

**カンセキスタジアムとちぎ＝3706人**

# ブラウブリッツ秋田 × 栃木SC

## 攻めあぐね重い連敗喫す

J３から昇格したブラウブリッツ秋田に0 - 1で敗れ、開幕から2戦連続の完封負けとなった。序盤からロングボールを駆使して攻勢をかけたが、前半11分に自陣左サイドの深い位置で与えたFKからミドルシュートを決められ先制点を献上。その後、再三のCKで好機を作ったもののゴールに結び付けられなかった。

| 秋田<br>1勝1敗(3) | | 栃木<br>2敗(0) |
|---|---|---|
| 1 | 1－0<br>0－0 | 0 |
| 田中 | GK | 川田 |
| 鈴木 | | 吉田 |
| 加賀 | | 髙杉 |
| 増田 | | 柳 |
| 輪笠 | | 山本 |
| 稲葉 | | 西谷 |
| 茂 | | 上田 |
| 沖野 | | 菊池 |
| 飯尾 | | 植田 |
| 中村 | | 矢野 |
| 斎藤 | | 森 |
| (3・5・2) | | (3・4・3) |
| 5 | SH | 10 |
| 2 | CK | 10 |
| 7 | FK | 9 |
| 0 | PK | 0 |

**○得点**
**【秋】沖野①**
**○交代**
**【栃】松本(後19分、上田)**
**ジニー(後19分、植田)**
**大島(後19分、森)**
**畑(後33分、山本)**
**小野寺(後45分、西谷)**
**【秋】吉田(後22分、中村)**
**国分(後34分、沖野)**
**武(後34分、斎藤)**

## 第3節 3月14日(日)

| 甲府<br>2勝1分け(7) | | 栃木<br>3敗(0) |
|---|---|---|
| 2 | 0－0<br>2－1 | 1 |

甲府市JITリサイクルインクスタジアム＝5146人

# ヴァンフォーレ甲府 × 栃木SC

### 3連敗で早くも最下位に

ヴァンフォーレ甲府に1-2で敗れ、J2復帰初年度の2018年以来となる開幕3連敗。順位は最下位に転落した。前半は0-0で折り返したが、後半5分、10分と連続失点。その後、MF森俊貴ら3選手を一気に投入し、23分に右CKから森が今季チーム初得点を挙げたものの追加点を奪えなかった。

| 甲府 | | 栃木 |
|---|---|---|
| 岡西 | GK | 岡 |
| 関口 | | 吉田 |
| 小柳 | | 柳 |
| メンデ | | 髙杉 |
| 荒木 | | 大島 |
| 新井 | | 山本 |
| 中村 | | 佐藤 |
| 山田 | | 西谷 |
| 野津田 | | 菊池 |
| 泉沢 | | 矢野 |
| 三平 | | ジニー |
| (4・3・3) | | (4・4・2) |
| 6 | SH | 5 |
| 5 | CK | 3 |
| 14 | FK | 10 |
| 0 | PK | 0 |

○得点
【甲】メンデス①、泉沢①
【栃】森①
○交代
【甲】宮崎(後35分、泉沢)
浦上(後49分、野津田)
【栃】面矢(後17分、大島)
森(後17分、菊池)
畑(後17分、ジニー)
松本(後28分、佐藤)
小野寺(後41分、髙杉)

## 第4節 3月21日(日)

| 栃木<br>1勝3敗(3) | | 山形<br>1勝2分け1敗(5) |
|---|---|---|
| 2 | 1－1<br>1－0 | 1 |

山形県天童市NDソフトスタジアム山形＝6242人

# 栃木SC × モンテディオ山形

### 柳のヘッドで今季初白星

モンテディオ山形に2-1と逆転勝ちを収め、待望の今季初白星を挙げた。前半43分、中央から崩され先制点を献上するも、その1分後にDF面矢行斗の左クロスをMF森俊貴が頭で合わせて同点。後半ロスタイムに右CKをDF柳育崇が頭で押し込み、土壇場で勝ち越しに成功した。

| 栃木 | | 山形 |
|---|---|---|
| 川田 | GK | 藤嶋 |
| 柳 | | 山田拓 |
| 髙杉 | | 熊本 |
| 面矢 | | 野田 |
| 山本 | | 加藤 |
| 佐藤 | | 国分 |
| 西谷 | | 山田康 |
| 森 | | 松本怜 |
| 大島 | | 堀米 |
| 矢野 | | Vアラ |
| ジニー | | 南 |
| (3・4・3) | | (3・4・3) |
| 10 | SH | 13 |
| 4 | CK | 9 |
| 9 | FK | 8 |
| 0 | PK | 0 |

○得点
【栃】森②、柳①
【山】加藤②
○交代
【山】中原(後16分、堀米)
林(後34分、南)
半田(後42分、松本怜)
【栃】畑(後13分、ジニー)
松岡(後24分、山本)
松本(後24分、佐藤)
乾(後50分、森)

## 第5節 3月28日(日)

| 栃木<br>2勝3敗(6) | | 愛媛<br>2分け3敗(2) |
|---|---|---|
| 2 | 1－0<br>1－1 | 1 |

カンセキスタジアムとちぎ＝3891人

# 栃木SC × 愛媛FC

### 今季初の先制で連勝飾る

愛媛FCを2-1で下し、今季初の連勝を飾った。前半30分、自陣中央で獲得したFKからMF大島康樹がこぼれ球を押し込み、今季初の先制に成功。後半31分にはカウンター攻撃からMF森俊貴のクロスをMF松岡瑠夢がボレーシュートし、こぼれ球をFW矢野貴章が頭で押し込み追加点を奪った。ロスタイムにCKから1点を返されたものの、1点リードで逃げ切った。

| 栃木 | | 愛媛 |
|---|---|---|
| 川田 | GK | 秋元 |
| 柳 | | 西岡 |
| 小野寺 | | 浦田 |
| 面矢 | | 池田 |
| 大島 | | 前野 |
| 佐藤 | | 川村 |
| 西谷 | | 前田 |
| 森 | | 田中 |
| 山本 | | 忽那 |
| 矢野 | | 近藤 |
| ジニー | | 吉田真 |
| (3・4・3) | | (4・4・2) |
| 12 | SH | 4 |
| 7 | CK | 7 |
| 8 | FK | 18 |
| 0 | PK | 0 |

○得点
【栃】大島①矢野①
【愛】吉田真②
○交代
【栃】松岡(後19分、山本)
菊池(後25分、ジニー)
松本(後50分、西谷)
乾(後50分、森)
【愛】藤本(後16分、前田)
内田(後32分、前野)
小暮(後32分、忽那)
茂木(後40分、浦田)
森谷(後40分、田中)

game.5

第6節　4月4日(日)

山口市維新みらいふスタジアム＝2338人

# 栃木SC × レノファ山口FC

## 光る堅守で今季初の完封

レノファ山口FCを相手に1-0と今季初の完封勝利を挙げ3連勝。序盤は押し込まれる我慢の展開だったが、徐々に好機が増えていき、前半45分、FKのこぼれ球にジュニーニョが右足を振り抜き、先制弾を突き刺した。後半は相手の攻勢に苦しんだものの、3バックの陣形に変えて守備の強度を高めて辛くも逃げ切った。

| 栃木 3勝3敗(9) | | 山口 1勝2分け3敗(5) |
|---|---|---|
| 1 | 1-0<br>0-0 | 0 |
| 川田 | GK | 関 |
| 柳 | | 沢井 |
| 小野寺 | | 楠本 |
| 面矢 | | 渡部 |
| 山本 | | 石川 |
| 佐藤 | | 高木 |
| 西谷 | | 田中 |
| 森 | | 佐藤謙 |
| 大島 | | 高井 |
| 矢野 | | 草野 |
| ジニー | | 小松 |
| (3・4・3) | | (4・4・2) |
| 6 | SH | 9 |
| 3 | CK | 2 |
| 11 | FK | 14 |

○得点
【栃】ジュニーニョ①
○交代
【口】川井(後15分、沢井)
池上(後15分、高木)
梅木(後26分、小松)
神垣(後33分、田中)
河野(後33分、高井)
【栃】菊池(後6分、ジニー)
松岡(後26分、山本)

## 第7節 4月11日(日)

**栃木県グリーンスタジアム＝2919人**

# 栃木SC ╳ SC相模原

## 好機生かせず今季初ドロー

SC相模原と対戦、0－0で今季初めて引き分けた。3試合連続で同じ先発メンバーで臨み、前半からロングボールを起点に攻撃。FW矢野貴章がヘディングシュートを放つなど攻め立てたがフィニッシュに至らずスコアレスで折り返した。後半も矢野のヘディングシュート、ＭＦ山本廉のシュートがいずれも枠を捉えられず決定機を生かせなかった。

| 栃　木 | | 相模原 |
|---|---|---|
| 3勝1分け3敗(10) | | 1勝4分け2敗(7) |
| 0 | 0－0<br>0－0 | 0 |
| 川　田 | GK | 三　浦 |
| 柳 | | 多　田 |
| 小野寺 | | 川　﨑 |
| 面　矢 | | 白　井 |
| 山　本 | | 梅　井 |
| 佐　藤 | | 船　木 |
| 西　谷 | | 和　田 |
| 森 | | 川　上 |
| 大　島 | | 星 |
| 矢　野 | | 平　松 |
| ジニー | | ユーリ |
| (3・4・3) | | (5・3・2) |
| 12 | SH | 7 |
| 2 | CK | 5 |
| 12 | FK | 13 |
| 0 | PK | 0 |

○交代
【栃】松本（前25分、佐藤）
畑（後29分、ジニー）
【相】安藤（後37分、和田）

## 第8節 4月17日(土)

**千葉市フクダ電子アリーナ＝3777人**

# ジェフユナイテッド千葉 ╳ 栃木SC

## 後半攻勢及ばずまたドロー

ジェフユナイテッド千葉と対戦、2試合連続のスコアレスドローに終わった。前半は千葉のサイド攻撃に苦しみ、ボールを支配される展開。後半は3分にＤＦ面矢行斗のＦＫを皮切りに攻勢を強め、42分にはドリブルで抜け出したＭＦ森俊貴がペナルティエリア内で相手ＧＫをかわしたが、シュートは惜しくも枠の左に外れ得点はならなかった。

| 千　葉 | | 栃　木 |
|---|---|---|
| 2勝3分け3敗(9) | | 3勝2分け3敗(11) |
| 0 | 0－0<br>0－0 | 0 |
| 新井章 | GK | 川　田 |
| 米　倉 | | 小野寺 |
| 岡　野 | | 柳 |
| 鈴木大 | | 面　矢 |
| 小　田 | | 山　本 |
| 高　橋 | | 松　本 |
| 張敏圭 | | 西　谷 |
| 小　島 | | 森 |
| 福　満 | | 大　島 |
| 見　木 | | 矢　野 |
| 大　槻 | | ジニー |
| (4・3・3) | | (3・4・3) |
| 6 | SH | 13 |
| 3 | CK | 3 |
| 11 | FK | 16 |
| 0 | PK | 0 |

○交代
【千】小林（後32分、高橋）
岩崎（後32分、福満）
桜川（後32分、大槻）
【栃】松岡（後1分、山本）
五十嵐（後41分、ジニー）

# SEASON PLAYBACK 2021

## 第9節 4月21日(水)

カンセキスタジアムとちぎ＝2951人

## 栃木SC × アルビレックス新潟

### 土壇場で被弾、3連続ドロー

アルビレックス新潟と2-2で3試合連続の引き分けとなった。前半8分、新潟にオーバーヘッドで先制されたが、24分に左CKからパスをつなぎ、MF森俊貴の鮮やかなヘディングシュートで同点。後半11分にはFWジュニーニョのこぼれ球をDF面矢行斗が決めて勝ち越したものの、終了間際に新潟に同点ゴールを許してしまい白星を挙げられなかった。

| 栃木<br>3勝3分け3敗(12) | | 新潟<br>7勝2分け(23) |
|---|---|---|
| 2 | 1－1<br>1－1 | 2 |
| 川田 | GK | 阿部 |
| 柳 | | 藤原 |
| 小野寺 | | 舞行龍 |
| 面矢 | | 千葉 |
| 吉田 | | 堀米 |
| 西谷 | | 高 |
| 松本 | | 島田 |
| 森 | | 矢村 |
| ジニー | | 高木 |
| 矢野 | | 本間 |
| 松岡 | | 谷口 |
| (3・4・3) | | (4・5・1) |
| 12 | SH | 11 |
| 5 | CK | 2 |
| 5 | FK | 13 |
| 0 | PK | 0 |

○得点
【栃】森③面矢①
【新】矢村②千葉②
○交代
【栃】上田(前36分、西谷)
有馬(後9分、松岡)
山本(後30分、ジニー)
【新】星(後32分、島田)
三戸(後42分、矢村)
田上(後48分、本間)

## 第10節 4月25日(日)

石川県西部緑地公園陸上競技場＝2413人

## ツエーゲン金沢 × 栃木SC

### 4戦連続で白星お預け

ツエーゲン金沢と1-1で引き分け。7試合連続負けなしながら、4試合連続の引き分けとなった。前半はサイド攻撃にロングボールを織り交ぜた金沢の攻撃を封じられず、37分にドリブルで中央突破を許し先制点を献上。後半はペースを握り、28分、ロングスローのこぼれ球を途中出場のMF山本廉が今季初ゴールを決めて同点。その後も攻勢を強めたが、決定機をつかめずに終わった。

| 金沢<br>5勝2分け3敗(17) | | 栃木<br>3勝4分け3敗(13) |
|---|---|---|
| 1 | 1－0<br>0－1 | 1 |
| 後藤 | GK | 川田 |
| 松田 | | 柳 |
| 庄司 | | 小野寺 |
| 石尾 | | 面矢 |
| 渡辺 | | 吉田 |
| 嶋田 | | 松本 |
| 大橋 | | 上田 |
| 藤村 | | 森 |
| 大谷 | | ジニー |
| 丹羽 | | 矢野 |
| 瀬沼 | | 松岡 |
| (4・4・2) | | (3・4・3) |
| 6 | SH | 8 |
| 5 | CK | 4 |
| 8 | FK | 7 |
| 0 | PK | 0 |

○得点
【金】丹羽④
【栃】山本①
○交代
【金】高安(後32分、松田)
大石(後36分、嶋田)
杉浦恭(後44分、大谷)
【栃】山本(後18分、松岡)
菊池(後25分、森)
五十嵐(後25分、ジニー)
大島(後31分、吉田)

game.12

第11節　5月1日(土)

磐田市ヤマハスタジアム＝5396人

# ジュビロ磐田 × 栃木SC

## 2度同点の粘り一歩及ばず

ジュビロ磐田に2-3で敗れ、5試合勝ちなしとなった。雷による中断後の前半28分、左サイドから崩され失点。直後の30分、ＦＫからＦＷ矢野貴章が鮮やかにボレーシュートを決めて追いついた。前半37分に2点目を失ったが、後半11分、ＦＷジュニーニョがロングシュートを決めて再び同点。しかし、31分にＣＫをクリアしきれず3点目を失い、そのまま逃げ切られた。

| 磐田<br>7勝4敗(21) | | 栃木<br>3勝4分け4敗(13) |
|---|---|---|
| 3 | 2－1<br>1－1 | 2 |
| 三浦 | GK | 川田 |
| 大井 | | 柳 |
| 森岡 | | 小野寺 |
| 山本義 | | 面矢 |
| 大森 | | 吉田 |
| 山田 | | 上田 |
| 松本 | | 松本 |
| 伊藤 | | 森 |
| 山本康 | | ジニー |
| 鹿沼 | | 矢野 |
| ルキア | | 松岡 |
| (3・6・1) | | (3・4・3) |
| 8 | SH | 9 |
| 3 | CK | 4 |
| 15 | FK | 12 |
| 0 | PK | 0 |

○得点
【磐】ルキアン２⑨伊藤②
【栃】矢野②ジュニーニョ②
○交代
【磐】藤川(後33分、大森)
鈴木雄(後33分、伊藤)
今野(後38分、山本康)
大津(後51分、山田)
【栃】大島(後1分、吉田)
山本(後22分、ジニー)
佐藤(後33分、松本)
有馬(後33分、松岡)
乾(後45分、上田)

## 第12節 5月5日(水)

カンセキスタジアムとちぎ＝3487人

# ギラヴァンツ北九州 × 栃木SC

## 土壇場で失点、逆転負け喫す

最下位のギラヴァンツ北九州に1-2と逆転負けを喫し、6試合勝ちなし。前半25分、FW矢野貴章が前線で相手選手からボールを奪い、自ら持ち込んで先制ゴールを挙げた。しかし、後半14分に直接FKを決められて追いつかれ、さらに終了間際に右サイドを破られて決勝点を許した。

| 北九州<br>2勝5分け5敗(11) | | 栃木<br>3勝4分け5敗(13) |
|---|---|---|
| 2 | 0-1<br>2-0 | 1 |
| 吉丸 | GK | 川田 |
| 河野 | | 柳 |
| 村松 | | 小野寺 |
| 生駒 | | 面矢 |
| 永田 | | 松岡 |
| 高橋 | | 上田 |
| 永野 | | 松本 |
| 前田 | | 森 |
| 井沢 | | ジニー |
| 前川 | | 矢野 |
| 平山 | | 大島 |
| (4・4・2) | | (3・4・3) |
| 6 | SH | 11 |
| 3 | CK | 6 |
| 20 | FK | 9 |
| 0 | PK | 0 |

○得点
【北】高橋③富山④
【栃】矢野③
○交代
【栃】山本(後9分、ジニー)
佐藤(後15分、松本)
菊池(後39分、森)
【北】本村(後1分、河野)
富山(後38分、前川)
佐藤亮(後38分、平山)
芹沢(後45分、永野)
藤谷(後45分、前田)

## 第13節 5月9日(日)

ケーズデンキスタジアム水戸＝3064人

# 水戸ホーリーホック × 栃木SC

## 猛攻に耐え薄氷のドロー

水戸ホーリーホックと1-1で引き分け、連敗は2で止めたが7試合連続で勝ちなし。前半16分にDF大島康樹からのクロスをMF森俊貴がボレーシュートを鮮やかに決めて先制した。しかし、その後は水戸の猛攻をひたすら耐える展開。後半10分、右サイドを崩され、オウンゴールで追いつかれた。

| 水戸<br>6勝1分け6敗(19) | | 栃木<br>3勝5分け5敗(14) |
|---|---|---|
| 1 | 0-1<br>1-0 | 1 |
| 牲川 | GK | 川田 |
| 村田 | | 大島 |
| 住吉 | | 柳 |
| タビナ | | 小野寺 |
| 三国 | | 面矢 |
| 平塚 | | 松岡 |
| 平野 | | 佐藤 |
| 奥田 | | 西谷 |
| 森 | | 森 |
| 中山仁 | | 矢野 |
| ブラウ | | ジニー |
| (4・4・2) | | (4・4・2) |
| 17 | SH | 7 |
| 7 | CK | 3 |
| 14 | FK | 6 |
| 0 | PK | 0 |

○得点
【水】オウンゴール
【栃】森④
○交代
【水】大崎(後8分、三国)
新里(後20分、奥田)
松崎(後20分、森)
安藤(後30分、平野)
山根(後30分、ブラウ)
【栃】有馬(後27分、矢野)
山本(後27分、ジニー)
菊池(後33分、松岡)
松本(後33分、西谷)
畑(後42分、大島)

## 第14節 5月15日(土)

沖縄市タピック県総ひやごんスタジアム＝2188人

# FC琉球 × 栃木SC

## 今季最多の4失点で完敗

FC琉球と対戦、2-4の今季最多失点で敗れた。前半3分にCKをDF乾大知が頭で合わせて先制。その後は琉球にボールを支配され、16分、22分と連続失点で逆転を許した。44分にMF西谷優希のボレーシュートで同点としたものの、後半に入り29分、45分と失点し万事休した。

| 琉球<br>10勝3分け1敗(33) | | 栃木<br>3勝5分け6敗(14) |
|---|---|---|
| 4 | 2-2<br>2-0 | 2 |
| 田口 | GK | 川田 |
| 田中 | | 柳 |
| 岡崎 | | 乾 |
| 知念 | | 吉田 |
| 沼田 | | 菊池 |
| 上里 | | 西谷 |
| 風間希 | | 佐藤 |
| 風間矢 | | 森 |
| 清武 | | 大島 |
| 池田 | | 有馬 |
| 清水 | | ジニー |
| (4・5・1) | | (3・4・3) |
| 16 | SH | 6 |
| 4 | CK | 2 |
| 13 | FK | 6 |
| 0 | PK | 0 |

○得点
【琉】清水③上里①茂木②
李栄直①【栃】乾①西谷①
○交代
【琉】茂木(後19分、清武)
上原慎(後32分、清水)
李栄直(後42分、風間矢)
【栃】小野寺(後1分、乾)
松岡(後1分、ジニー)
山本(後32分、森)
小堀(後32分、有馬)
松本(後34分、西谷)

game.15

## 第15節 5月23日(日)

カンセキスタジアムとちぎ＝7461人

| 栃　木 | | 松　本 |
|---|---|---|
| 4勝5分け6敗(17) | | 4勝6分け5敗(18) |
| 3 | 1－0<br>2－0 | 0 |
| 川　田 | GK | 村　山 |
| 大　島 | | 浜　崎 |
| 柳 | | 大　野 |
| 三　國 | | 橋　内 |
| 山　本 | | 下　川 |
| 佐　藤 | | 外　山 |
| 西　谷 | | 前 |
| 森 | | 佐　藤 |
| ジニー | | 河　合 |
| 有　馬 | | 鈴　木 |
| 菊　池 | | 阪　野 |
| (3・4・3) | | (4・4・2) |
| 9 | SH | 4 |
| 4 | CK | 3 |
| 7 | FK | 15 |
| 0 | PK | 0 |

○得点
【栃】柳２③森⑤
○交代
【栃】松岡(後18分、山本)
矢野(後18分、有馬)
畑(後35分、ジニー)
上田(後46分、西谷)
植田(後46分、森)
【松】田中パ(後18分、浜崎)
横山(後18分、前)
戸島(後18分、阪野)

# 栃木SC ╳ 松本山雅FC

## 今季最多３得点で完封勝利

松本山雅ＦＣを相手に今季最多の3得点を挙げて３－０で快勝した。9試合ぶりの白星で無失点は7試合ぶり。前半4分、ＣＫのサインプレーからＤＦ柳育崇が頭で決めて先制。後半は26分にＭＦ松岡瑠夢のミドルシュートの跳ね返りをＭＦ森俊貴がダイレクトに振り切り追加点を挙げ、さらに39分、ＭＦ菊池大介の蹴った右ＣＫを再び柳が頭で合わせて勝利を決定づけた。

## 第16節 5月29日(土)

正田醤油スタジアム群馬＝1935人

# ザスパクサツ群馬 ╳ 栃木SC

## 北関東ダービー痛み分け

ザスパクサツ群馬との北関東ダービーを０－０で引き分けた。前半は中盤でボールを奪い合う我慢比べの展開となり、18分、ＣＫを頭で合わせたＤＦ柳育崇のシュートは枠の上。徐々に群馬に主導権を奪われ、最後まで劣勢は変わらぬままだったが、群馬の精度の低さにも助けられ無失点で切り抜けた。

| 群　馬 | | 栃　木 |
|---|---|---|
| 3勝4分け9敗(13) | | 4勝6分け6敗(18) |
| 0 | 0－0<br>0－0 | 0 |
| 松　原 | GK | 川　田 |
| 渡　辺 | | 大　島 |
| 内　田 | | 柳 |
| 畑　尾 | | 三　國 |
| 田　中 | | 山　本 |
| 久保田 | | 佐　藤 |
| 中　山 | | 西　谷 |
| 岩　上 | | 森 |
| 高　木 | | ジニー |
| 大　前 | | 有　馬 |
| 加　藤 | | 菊　池 |
| (3・4・3) | | (3・4・3) |
| 4 | SH | 5 |
| 5 | CK | 5 |
| 10 | FK | 8 |
| 0 | PK | 0 |

○交代
【群】金城(前32分、岩上)
北川(後17分、高木)
奥村(後38分、内田)
平尾(後38分、久保田)
白石(後38分、大前)
【栃】矢野(後1分、ジニー)
松岡(後26分、山本)
畑(後26分、有馬)
面矢(後42分、菊池)

## 第17節 6月6日(日)

カンセキスタジアムとちぎ＝4978人

# 栃木SC × 京都サンガF.C.

## 劣勢に耐えスコアレスドロー

京都サンガＦ.Ｃ.と０－０で引き分けた。試合立ち上がりはコンパクトな中盤で攻守が目まぐるしく入れ替わる激しい展開。しかし、京都がロングボールを多用し始めると徐々にペースを奪われ、自陣で耐える時間が続いた。後半も全員が粘り強い守備で対応し、京都の精度の低さにも助けられてスコアレスドローとなった。

| 栃木<br>4勝7分け6敗(19) | | 京都<br>11勝4分け2敗(37) |
|---|---|---|
| 0 | 0－0<br>0－0 | 0 |
| 川田 | GK | 若原 |
| 大島 | | 飯田 |
| 柳 | | 荻原 |
| 三國 | | 麻田 |
| 山本 | | バイス |
| 西谷 | | 松田 |
| 佐藤 | | 武田 |
| 森 | | 川崎 |
| ジニー | | 武富 |
| 矢野 | | 荒木 |
| 菊池 | | 中川 |
| (3・4・3) | | (4・6・0) |
| 2 | SH | 10 |
| 5 | CK | 7 |
| 13 | FK | 14 |
| 0 | PK | 0 |

○交代
【栃】有馬(後20分、ジニー)
畑(後28分、山本)
面矢(後47分、菊池)
【京】三沢(後1分、荒木)
中野克(後16分、中川)
白井(後34分、荻原)
上月(後34分、武富)
曽根田(後38分、松田)

## 第18節 6月13日(日)

ＮＡＣＫ５スタジアム大宮＝3918人

# 大宮アルディージャ × 栃木SC

## 互角のバトル３戦連続ドロー

大宮アルディージャと１－１で引き分け。序盤は互いにロングボールの応酬となり、前半5分に自陣左サイドで与えたＦＫからこぼれ球を押し込まれ先制を許した。その後も相手の速いパス回しに苦しんだが、我慢強く耐え、40分にＤＦ三国ケネディエブスのミドルシュートのこぼれ球をＦＷ矢野貴章が押し込み同点に追いついた。後半は球際の勝負で優位に立ったものの勝ち越し点は奪えなかった。

| 大宮<br>2勝6分け10敗(12) | | 栃木<br>4勝8分け6敗(20) |
|---|---|---|
| 1 | 1－1<br>0－0 | 1 |
| 上田 | GK | 川田 |
| 馬渡 | | 大島 |
| 河本 | | 柳 |
| 山越 | | 三國 |
| 翁長 | | 山本 |
| 松田 | | 西谷 |
| 三門 | | 佐藤 |
| 小島 | | 森 |
| 大山 | | ジニー |
| 黒川 | | 矢野 |
| イバ | | 菊池 |
| (4・4・2) | | (3・4・3) |
| 5 | SH | 9 |
| 2 | CK | 5 |
| 15 | FK | 16 |
| 0 | PK | 0 |

○得点
【宮】イバ①【栃】矢野④
○交代
【宮】柴山(後16分、松田)
ハスキ(後35分、小島)
石川(後35分、大山)
小野(後44分、黒川)
【栃】松岡(前38分、山本)
面矢(後25分、ジニー)
松本(後37分、西谷)
畑(後37分、森)
植田(後37分、菊池)

## 第19節 6月19日(土)

カンセキスタジアムとちぎ=3797人

# V・ファーレン長崎 × 栃木SC

## 力闘及ばず 5試合ぶりの黒星

V・ファーレン長崎に0-2と敗れ、5試合ぶりの黒星となった。前半30分に右サイドからの相手クロスを防ぎきれずに先制点を献上。なかなか相手から主導権を奪えず、後半28分にオウンゴールで追加点を許した。5人の交代枠を使い切った後の41分にMF松岡瑠夢が負傷退場し、10人での戦いを余儀なくされて力尽きた。

| 長崎<br>10勝3分け6敗(33) | | 栃木<br>4勝8分け7敗(20) |
|---|---|---|
| 2 | 1-0<br>1-0 | 0 |
| 富沢 | GK | 川田 |
| 毎熊 | | 大島 |
| 新里 | | 柳 |
| 江川 | | 三國 |
| 加藤聖 | | 菊池 |
| Wハト | | 西谷 |
| カイセ | | 佐藤 |
| 加藤大 | | 森 |
| 沢田 | | 植田 |
| 都倉 | | 矢野 |
| エジガ | | ジニー |
| (4・4・2) | | (3・4・3) |
| 7 | SH | 6 |
| 4 | CK | 5 |
| 7 | FK | 6 |
| 0 | PK | 0 |

○得点
【長】都倉③オウンゴール
○交代
【栃】松岡(後1分、植田)
面矢(後17分、大島)
吉田(後17分、ジニー)
松本(後31分、西谷)
小野寺(後38分、菊池)
【長】米田(後38分、毎熊)
二見(後43分、加藤聖)
山崎(後43分、沢田)
イバル(後43分、エジガ)
植中(後47分、都倉)

## 第20節 6月26日(土)

東京都調布市味の素スタジアム=4740人

# 東京ヴェルディ × 栃木SC

## 後半に失速、5戦勝ちなし

東京ヴェルディに1-2で敗れ、痛恨の連敗で5試合勝ちなし。前半16分、MF佐藤祥からパスを受けたFW畑潤基が豪快なミドルシュートを突き刺して先制したが、後半は流れが一変。我慢の守備も及ばず13分に同点ゴールを決められると、その5分後にオウンゴールで勝ち越しを許してしまった。

| 東京V<br>10勝3分け7敗(33) | | 栃木<br>4勝8分け8敗(20) |
|---|---|---|
| 2 | 0-1<br>2-0 | 1 |
| マテウ | GK | 川田 |
| 福村 | | 大島 |
| 若狭 | | 柳 |
| ンドカ | | 三國 |
| 山口 | | 菊池 |
| 佐藤優 | | 西谷 |
| 加藤 | | 佐藤 |
| 井出 | | 森 |
| 山下 | | 畑 |
| 端戸 | | 矢野 |
| 小池 | | ジニー |
| (4・3・3) | | (3・4・3) |
| 5 | SH | 6 |
| 3 | CK | 1 |
| 11 | FK | 9 |
| 0 | PK | 0 |

○得点
【V】山下⑤オウンゴール
【栃】畑①
○交代
【V】ジャイ(後21分、山下)
梶川(後28分、佐藤優)
佐藤凌(後28分、端戸)
山本(後40分、山口)
持井(後40分、小池)
【栃】吉田(後14分、畑)
面矢(後21分、菊池)
松本(後21分、西谷)
上田(後21分、ジニー)
小野寺(後40分、佐藤)

## 第21節　7月3日(土)

栃木県グリーンスタジアム＝2777人

# 栃木SC × FC町田ゼルビア

## 松本豪快弾、3連敗を阻止

FC町田ゼルビアと1-1で引き分け、6試合勝利なしも連敗は2でストップした。加入したばかりのGKオビ パウエル オビンナなど前節から先発を5人変更。前半8分にカウンター攻撃を止められず先制を許したが、後半はFW矢野貴章を投入するなどしてペースをつかみ、9分に右CKからつないでMF松本凪生が豪快なロングシュートを決めて同点に追いついた。終盤は攻守が激しく入れ替わったが、互いに決め手を欠いた。

| 栃木 4勝9分け8敗(21) | | 町田 10勝5分け6敗(35) |
|---|---|---|
| 1 | 0-1<br>1-0 | 1 |
| オビ | GK | 福井 |
| 柳 | | 三鬼 |
| 三國 | | 深津 |
| 面矢 | | 高橋 |
| 吉田 | | 土居 |
| 佐藤 | | 高江 |
| 松本 | | 佐野 |
| 上田 | | 吉尾 |
| 菊池 | | 長谷川 |
| 畑 | | 平戸 |
| 森 | | 郭大世 |
| (3・4・3) | | (4・5・1) |
| 7 | SH | 7 |
| 5 | CK | 3 |
| 9 | FK | 14 |
| 0 | PK | 0 |

○得点
【栃】松本①
【町】郭大世①
○交代
【栃】矢野(後1分、上田)
大島(後32分、吉田)
松岡(後32分、菊池)
ジニー(後40分、畑)
【町】太田(後21分、長谷川)
中島(後21分、郭大世)
奥山(後31分、吉尾)
佐藤(後38分、土居)

## 第22節　7月11日(日)

新潟市デンカビッグスワンスタジアム＝10188人

# アルビレックス新潟 × 栃木SC

## 守備が崩壊　7戦勝ちなし

アルビレックス新潟に3-0と完敗を喫した。前半から新潟のパス回しにほんろうされ、守備に追われる苦しい展開。12分に左サイドを突破されて先制を許すと、31分には右サイドを崩されて2点目を奪われた。後半から右サイドの2人を交代したことで守備が機能し始めたものの、20分に中央を突破されて決定的な3失点目。39分にＰＫを獲得したが、ＦＷ矢野貴章のキックは右ポストにはじかれて勝負は決した。

| 新潟 13勝5分け4敗(44) | | 栃木 4勝9分け9敗(21) |
|---|---|---|
| 3 | 2-0<br>1-0 | 0 |
| 小島 | GK | オビ |
| 藤原 | | 吉田 |
| 舞行龍 | | 柳 |
| 千葉 | | 三國 |
| 堀米 | | 面矢 |
| 高 | | 菊池 |
| 福田 | | 松本 |
| ロメロ | | 佐藤 |
| 高木 | | 森 |
| 星 | | 矢野 |
| 谷口 | | 畑 |
| (4・5・1) | | (4・4・2) |
| 15 | SH | 9 |
| 2 | CK | 2 |
| 20 | FK | 13 |
| 0 | PK | 1 |

○得点
【新】高木２⑨谷口⑧
○交代
【新】早川(後25分、舞行龍)
矢村(後25分、ロメロ)
島田(後31分、星)
本間(後36分、高木)
鈴木(後36分、谷口)
【栃】大島(後1分、吉田)
松岡(後1分、菊池)
ジニー(後25分、畑)
上田(後36分、松本)
西谷(後36分、佐藤)

## 第23節　7月17日(土)

栃木県グリーンスタジアム＝3573人

## ヴァンフォーレ甲府 × 栃木SC

### 開始8分で手痛い失点喫す

ヴァンフォーレ甲府との競り合いに0－1で敗れ、8試合勝ちなしとなった。今季途中加入で今節から出場可能となったＦＷ豊田陽平とＤＦ黒﨑隼人がそろって先発出場。前半8分、自陣でクリアしきれなかったボールをつながれ、先制点を許した。後半は自陣で守備を固める甲府に対し攻勢を強めたが、ＭＦ佐藤祥、ＤＦ三國ケネディエブスらのシュートは得点に結びつかなかった。

| 甲府 | | 栃木 |
|---|---|---|
| 12勝7分け4敗(43) | | 4勝9分け10敗(21) |
| 1 | 1－0<br>0－0 | 0 |
| 河田 | GK | オビ |
| 関口 | | 柳 |
| 小柳 | | 三國 |
| メンデ | | 吉田 |
| 荒木 | | 黒﨑 |
| 新井 | | 佐藤 |
| 野沢英 | | 松本 |
| 野津田 | | 森 |
| 鳥海 | | ジニー |
| 泉沢 | | 豊田 |
| Wリラ | | 矢野 |
| (4・3・3) | | (3・4・3) |
| 2 | SH | 7 |
| 6 | CK | 1 |
| 5 | FK | 20 |
| 0 | PK | 0 |

○得点
【甲】鳥海③
○交代
【栃】面矢(後1分、吉田)
松岡(後19分、ジニー)
西谷(後32分、松本)
菊池(後32分、森)
小野寺(後42分、佐藤)
【甲】浦上(後22分、野沢英)
有田(後22分、Wリラ)
北谷(後31分、鳥海)
長谷川(後31分、泉沢)

## 第24節　8月9日(月)

相模原ギオンスタジアム＝2468人

## SC相模原 × 栃木SC

### 最下位の相模原と痛恨ドロー

最下位のＳＣ相模原とスコアレスドローで連敗は2で止めたものの、9試合連続勝ちなし。前節から先発2人を変更し、中断期間に加入したＭＦ谷内田哲平とＭＦ菊池大介を起用。前半の再三のピンチはＧＫオビ パウエル オビンナが攻守で防いだ。後半は徐々に押し込む時間が増えたものの決め手を欠き、互いに一押しが足りないままに90分が過ぎた。

| 相模原 | | 栃木 |
|---|---|---|
| 3勝8分け13敗(17) | | 4勝10分け10敗(22) |
| 0 | 0－0<br>0－0 | 0 |
| 竹重 | GK | オビ |
| 多田 | | 黒﨑 |
| 木村 | | 柳 |
| 白井 | | 三國 |
| 藤原 | | 菊池 |
| 成岡 | | 佐藤 |
| 川上 | | 松本 |
| 藤本 | | 森 |
| 安藤 | | 矢野 |
| 沢上 | | 豊田 |
| 児玉 | | 谷内田 |
| (4・4・2) | | (3・4・3) |
| 9 | SH | 7 |
| 3 | CK | 4 |
| 15 | FK | 3 |
| 0 | PK | 0 |

○交代
【相】高山(後25分、安藤)
ユーリ(後25分、沢上)
中山(後39分、多田)
【栃】畑(後12分、谷内田)
大島(後27分、菊池)
松岡(後27分、森)
西谷(後39分、松本)

## 第26節 8月21日(土)

※第25節のザスパクサツ群馬戦は延期

栃木県グリーンスタジアム＝1977人

| 栃木 | | 東京V |
|---|---|---|
| 4勝11分け10敗(23) | | 10勝7分け9敗(37) |
| 2 | 1－2<br>1－0 | 2 |
| オビ | GK | マテウ |
| 黒﨑 | | 若狭 |
| 柳 | | ンドカ |
| 三國 | | 福村 |
| 溝渕 | | 浜崎 |
| 佐藤 | | 梶川 |
| 西谷 | | 加藤 |
| 森 | | 杉本 |
| 畑 | | 山下 |
| 矢野 | | 端戸 |
| 豊田 | | 小池 |
| (3・4・3) | | (3・4・3) |
| 10 | SH | 5 |
| 3 | CK | 4 |
| 12 | FK | 19 |
| 0 | PK | 0 |

○得点
【栃】畑②佐藤①
【V】小池⑫浜崎①
○交代
【栃】松本(後18分、西谷)
谷内田(後35分、豊田)
五十嵐(後44分、畑)
【V】佐藤優(後1分、杉本)
ジャイ(後20分、小池)
佐藤凌(後33分、瑞戸)
安在(後44分、福村)
戸島(後44分、梶川)

# 栃木SC × 東京ヴェルディ

### 執念を見せ2点差追いつく

東京ヴェルディと2-2で引き分け、10試合勝ちなしとなった。前節から先発3人を変更し、ＤＦ溝渕雄志が今季途中の加入後初めて先発に入った。試合開始直後は東京Ｖの攻撃を止められず、7分、10分と続けて失点。その後は徐々にペースをつかみ、前半42分、ＦＷ畑潤基がゴール。後半27分には右サイドのＤＦ黒﨑隼人からのクロスをＭＦ森俊貴が頭で落とし、走り込んだＭＦ佐藤祥がボレーシュートを決めて追いついた。

## 第25節 8月25日(水)

栃木県グリーンスタジアム＝900人

# ザスパクサツ群馬 × 栃木SC

### 堅守崩れ攻めも空転

延期されていたザスパクサツ群馬との北関東ダービーに0-1で敗れ、11試合勝ちなし。前半からパスをつなぐ群馬に主導権を奪われ、13分の波状攻撃に耐えられず先制点を献上した。その後も守勢に回る時間が長くなり、ようやく44分にＦＷ畑潤基がミドルシュートを放ったものの枠の上。直後のＦＷ豊田陽平のヘディングシュートも枠を捉えることができなかった。

| 群馬 | | 栃木 |
|---|---|---|
| 7勝7分け12敗(28) | | 4勝11分け11敗(23) |
| 1 | 1－0<br>0－0 | 0 |
| 松原 | GK | オビ |
| 大武 | | 黒﨑 |
| 畑尾 | | 柳 |
| 高橋 | | 三國 |
| 小島 | | 溝渕 |
| 岩上 | | 佐藤 |
| 内田 | | 西谷 |
| 吉永 | | 森 |
| 青木 | | 畑 |
| 進 | | 矢野 |
| 北川 | | 豊田 |
| (3・4・3) | | (3・4・3) |
| 5 | SH | 7 |
| 3 | CK | 9 |
| 15 | FK | 7 |
| 0 | PK | 0 |

○得点
【群】北川④
○交代
【栃】松本(後1分、西谷)
谷内田(後27分、豊田)
有馬(後35分、佐藤)
吉田(後45分、黒﨑)
【群】久保田(後1分、進)
高木(後26分、吉永)
金城(後31分、高橋)
光永(後43分、北川)

## 第27節 8月29日(日)

松山市ニンジニアスタジアム＝1770人

# 栃木SC × 愛媛FC

## 守備で奮闘、12戦ぶり勝利飾る

愛媛FCを相手に1-0と12試合ぶりの白星を挙げた。前節から先発を3人変更し、DF乾大知が13試合ぶり、FW有馬幸太郎が11試合ぶりに出場。前半9分に相手のハンドで得たPKをFW畑潤基が決めて7試合ぶりに先制したが、後半に入ると選手交代した愛媛に主導権を握られる展開に。終了間際に何度も訪れた決定的なピンチを何とかしのぎ切って勝利をつかんだ。

| 栃木<br>5勝11分け11敗(26) | | 愛媛<br>5勝9分け13敗(24) |
|---|---|---|
| 1 | 1-0<br>0-0 | 0 |
| オビ | GK | 岡本 |
| 黒崎 | | 大谷 |
| 柳 | | 栗山 |
| 乾 | | 茂木 |
| 溝渕 | | 高木 |
| 西谷 | | 田中 |
| 谷内田 | | 近藤 |
| 佐藤 | | 石井 |
| 畑 | | 内田 |
| 豊田 | | 藤本 |
| 有馬 | | 唐山 |
| (4・3・3) | | (3・5・2) |
| 8 | SH | 10 |
| 4 | CK | 4 |
| 15 | FK | 21 |
| 1 | PK | 0 |

○得点
【栃】畑(PK)③
○交代
【愛】忽那(後1分、内田)
山瀬(後1分、藤本)
前田(後38分、田中)
池田(後48分、高木)
【栃】森(後16分、谷内田)
矢野(後16分、有馬)
大島(後39分、畑)
小野寺(後47分、西谷)

## 第28節 9月5日(日)

栃木県グリーンスタジアム＝1821人

# 栃木SC × レノファ山口FC

## 豊田が2発　連勝へ導く

レノファ山口FCを相手に3－2で競り勝ち、4月以来の連勝を飾った。前半4分、MF西谷優希のパスをFW豊田陽平が頭で後方に浮かせたシュートが決まり先制した。同点で迎えた後半10分、MF谷内田哲平からのクロスを豊田が頭で決めて勝ち越し、さらに28分にはペナルティエリア付近からDF柳育崇が豪快なミドルシュートを突き刺し3点目。41分に再び1点差に迫られたが、守備を固めて逃げ切りに成功した。

| 栃木<br>6勝11分け11敗(29) | | 山口<br>7勝8分け12敗(29) |
|---|---|---|
| 3 | 1-1<br>2-1 | 2 |
| オビ | GK | 関 |
| 黒崎 | | 真鍋 |
| 柳 | | 渡部 |
| 乾 | | ヘナン |
| 溝渕 | | 川井 |
| 西谷 | | 田中陸 |
| 佐藤 | | 田中渉 |
| 谷内田 | | 石川 |
| 畑 | | 池上 |
| 豊田 | | 島屋 |
| 有馬 | | 草野 |
| (3・4・3) | | (3・4・3) |
| 8 | SH | 9 |
| 2 | CK | 6 |
| 12 | FK | 18 |
| 0 | PK | 0 |

○得点
【栃】豊田2②柳④
【口】草野④河野①
○交代
【栃】森(後29分、谷内田)
矢野(後29分、有馬)
大島(後39分、畑)
松本(後42分、佐藤)
三國(後42分、豊田)
【口】吉満(前10分、関)
河野(後27分、田中渉)
高井(後27分、島屋)
大槻(後36分、真鍋)
沢井(後36分、石川)

## 第29節　9月11日(土)

岡山市シティライトスタジアム＝3777人

# 栃木SC × ファジアーノ岡山

## 柳2戦連発、5か月ぶりの3連勝

ファジアーノ岡山を1－0で撃破し、5か月ぶり今季2度目の3連勝をマークした。3試合連続で同じ11人が先発し、前半からDF柳育崇、MF谷内田哲平らがシュートを狙うも枠外へ。後半に入ると互いに攻撃の糸口がつかめない膠着状態となるが、28分、途中交代の森俊貴が入れたクロスに柳が頭で合わせて2戦連発となる先制点を挙げた。終盤は守備を固めて岡山の猛攻をしのぎ切った。

| 栃木<br>7勝11分け11敗(32) | | 岡山<br>9勝8分け12敗(35) |
|---|---|---|
| 1 | 0－0<br>1－0 | 0 |
| オビ | GK | 梅田 |
| 黒崎 | | 河野 |
| 柳 | | 井上 |
| 乾 | | 安部 |
| 溝渕 | | 宮崎智 |
| 西谷 | | 白井 |
| 佐藤 | | パウリ |
| 谷内田 | | 喜山 |
| 畑 | | 木村 |
| 豊田 | | 斎藤 |
| 有馬 | | 上門 |
| (3・4・3) | | (4・4・2) |
| 7 | SH | 4 |
| 2 | CK | 6 |
| 9 | FK | 10 |
| 0 | PK | 0 |

○得点
【栃】柳⑤
○交代
【岡】石毛(後24分、木村)
李勇載(後31分、パウリ)
徳元(後43分、宮崎智)
浜田(後43分、喜山)
【栃】森(後19分、谷内田)
矢野(後19分、有馬)
三國(後38分、豊田)
松岡(後43分、畑)

## 第30節　9月18日(土)

カンセキスタジアムとちぎ＝2676人

# 栃木SC × 水戸ホーリーホック

## 再三好機を作るも4連勝逃す

水戸ホーリーホックと0－0で引き分け、4連勝はならなかった。前半は水戸の激しい守備で苦しんだが、徐々にボールを持つ時間が増える。30分、ＭＦ佐藤祥がミドルシュートを放つも枠の右上。38分には左サイドから展開し、ＭＦ谷内田哲平がフリーで放ったシュートは枠を捉えられなかった。後半もＦＷ豊田陽平、ＤＦ黒崎隼人らがシュートを狙うも得点には至らなかった。

| 栃木<br>7勝12分け11敗(33) | | 水戸<br>12勝5分け13敗(41) |
|---|---|---|
| 0 | 0－0<br>0－0 | 0 |
| オビ | GK | 牲川 |
| 黒崎 | | 黒石 |
| 柳 | | タビナ |
| 乾 | | 鈴木 |
| 溝渕 | | 大崎 |
| 西谷 | | 中里 |
| 佐藤 | | 新里 |
| 谷内田 | | 松崎 |
| 豊田 | | 森 |
| 有馬 | | 藤尾 |
| 畑 | | 安藤 |
| (3・4・3) | | (4・4・2) |
| 8 | SH | 8 |
| 2 | CK | 7 |
| 18 | FK | 14 |
| 0 | PK | 0 |

○交代
【栃】森(後18分、谷内田)
矢野(後18分、有馬)
大島(後34分、畑)
松本(後50分、西谷)
【水】中山仁(後1分、藤尾)
伊藤(後16分、森)
木村(後23分、中里)
山根(後23分、安藤)
村田(後34分、松崎)

## 第31節　9月25日(土)

京都府亀岡市サンガスタジアム by KYOCERA＝4703人

| 京都<br>20勝7分け4敗(67) | | 栃木<br>7勝12分け12敗(33) |
|---|---|---|
| 2 | 1－0<br>1－0 | 0 |

# 京都サンガF.C. × 栃木SC

## 完敗で5試合ぶりの黒星喫す

首位の京都サンガF. C. に0 - 2と完敗を喫し、5試合ぶりの黒星となった。前半は10分にDF柳育崇、25分にはMF森俊貴がゴールを狙うも不発。28分に先制点を奪われたのを境に自陣で守備に追われる局面が増えた。後半もFW矢野貴章らがシュートを狙うも得点には結びつかず、逆に20分には京都にカウンター攻撃で追加点を許してしまった。

| | | |
|---|---|---|
| 若原 | GK | オビ |
| 飯田 | | 黒﨑 |
| 荻原 | | 柳 |
| 麻田 | | 乾 |
| バイス | | 溝渕 |
| 松田 | | 西谷 |
| 武田 | | 佐藤 |
| 川﨑 | | 森 |
| 福岡 | | 豊田 |
| ウタカ | | 有馬 |
| 宮吉 | | 畑 |
| (4・4・2) | | (3・4・3) |
| 4 | SH | 5 |
| 3 | CK | 6 |
| 17 | FK | 9 |
| 0 | PK | 0 |

○得点
【京】荻原②宮吉⑧
○交代
【京】本多(後15分、荻原)
白井(後30分、福岡)
三沢(後30分、宮吉)
荒木(後44分、松田)
イスマ(後44分、ウタカ)
【栃】矢野(後1分、森)
植田(後26分、有馬)
松本(後30分、佐藤)
松岡(後30分、豊田)
三國(後37分、畑)

## 第32節　10月3日(日)

カンセキスタジアムとちぎ＝4861人

| 大宮<br>7勝12分け13敗(33) | | 栃木<br>7勝12分け13敗(33) |
|---|---|---|
| 3 | 1－0<br>2－1 | 1 |

# 大宮アルディージャ × 栃木SC

## 主導権握りながら痛恨の連敗

大宮アルディージャに1 - 3と敗れ、痛恨の連敗。前半4分にカウンターから大宮に先制を許したものの、その後は主導権を握っていた。後半開始6分で追加点を奪われた後も再びペースをつかみ、12分にMF谷内田哲平がプロ初ゴールを決めて1点差に追い上げた。さらに攻勢を強めたが、シュート数で相手を上回りながらゴールは生まれず。逆に38分、ＣＫから決定的な3点目を許してしまった。

| | | |
|---|---|---|
| 南 | GK | オビ |
| 馬渡 | | 黒﨑 |
| 河本 | | 柳 |
| 西村 | | 乾 |
| 松本 | | 溝渕 |
| 小島 | | 西谷 |
| 三門 | | 佐藤 |
| 菊地 | | 谷内田 |
| 柴山 | | 畑 |
| 黒川 | | 豊田 |
| 河田 | | 有馬 |
| (4・4・2) | | (3・4・3) |
| 5 | SH | 12 |
| 1 | CK | 10 |
| 8 | FK | 11 |
| 0 | PK | 0 |

○得点
【宮】西村②菊地①河本①
【栃】谷内田①
○交代
【栃】矢野(後15分、豊田)
森(後24分、谷内田)
植田(後38分、西谷)
松本(後38分、有馬)
【宮】小野(後12分、柴山)
山田(後17分、菊地)
佐相(後17分、黒川)
石川(後43分、小島)
山越(後43分、河田)

## 第33節　10月10日(日)

松本市サンプロアルウィン＝7740人

# 栃木SC × 松本山雅FC

## 1点を死守、価値ある白星

松本山雅ＦＣに1-0で4試合ぶりの白星を挙げた。前半18分、相手のハンドで得たＰＫをＭＦ谷内田哲平がバーに当てながらも決めて先制。しかし、後半は一転して松本ペースとなり、我慢の守備から何度かカウンター攻撃を試みたがシュートまでつながらず、そのままのスコアで逃げ切った。

| 栃　木 | | 松　本 |
|---|---|---|
| 8勝12分け13敗(36) | | 7勝10分け16敗(31) |
| 1 | 1－0<br>0－0 | 0 |
| オ　ビ | GK | 村　山 |
| 黒　﨑 | | 大　野 |
| 柳 | | 常　田 |
| 三　國 | | 野々村 |
| 谷内田 | | 河　合 |
| 畑 | | 外　山 |
| 西　谷 | | 平　川 |
| 佐　藤 | | 下　川 |
| 溝　渕 | | 佐　藤 |
| 矢　野 | | 阪　野 |
| 豊　田 | | 伊　藤 |
| (3・5・2) | | (3・5・2) |
| 5 | SH | 9 |
| 3 | CK | 6 |
| 10 | FK | 13 |
| 1 | PK | 0 |

○得点
【栃】谷内田(ＰＫ)②
○交代
【松】榎本(後16分、阪野)
村越(後35分、外山)
米原(後35分、佐藤)
山口(後39分、河合)
【栃】森(後15分、谷内田)
小野寺(後24分、畑)
有馬(後37分、豊田)

game.34

SEASON PLAYBACK 2021

| 栃　木 | | 磐　田 |
|---|---|---|
| 8勝13分け13敗(37) | | 22勝7分け5敗(73) |
| 1 | 1－1<br>0－0 | 1 |
| オ　ビ | GK | 三　浦 |
| 黒　﨑 | | 大　井 |
| 柳 | | 伊　藤 |
| 乾 | | 山本義 |
| 溝　渕 | | 山　田 |
| 西　谷 | | 松　本 |
| 佐　藤 | | 鈴木雄 |
| 谷内田 | | 山本康 |
| 矢　野 | | 遠　藤 |
| 豊　田 | | 大　津 |
| 畑 | | ルキア |
| (3・4・3) | | (3・5・2) |
| 3 | SH | 10 |
| 1 | CK | 8 |
| 11 | FK | 17 |
| 0 | PK | 0 |

○得点
【栃】柳⑥【磐】大井①
○交代
【栃】ジニー(後28分、谷内田)
有馬(後28分、豊田)
大島(後45分、畑)
三國(後50分、溝渕)
【磐】金子(後17分、大津)
ゴンザ(後35分、山田)
小川大(後35分、鈴木雄)

## 第34節　10月17日(日)

カンセキスタジアムとちぎ＝8209人

# 栃木SC × ジュビロ磐田

## 首位の猛攻に耐え抜きドロー

首位のジュビロ磐田の猛攻に耐え抜き、1-1のドローに持ち込んだ。試合序盤は静かな立ち上がりとなり、前半17分、ＭＦ谷内田哲平のＦＫをＤＦ柳育崇が頭で合わせて先制点を奪った。その後はボールを持てなくなり、磐田の猛攻にさらされる展開に。前半44分に左サイドを崩され同点とされ、後半も波状攻撃を浴びて自陣に押し込まれたものの、終了間際に5バックを敷いて引き分けに持ち込んだ。

## 第35節 10月24日(日)

町田GIONスタジアム＝3542人

| | | |
|---|---|---|
| 町田 | | 栃木 |
| 17勝8分け10敗(59) | | 8勝14分け13敗(38) |
| 0 | 0−0<br>0−0 | 0 |
| 福井 | GK | オビ |
| 三鬼 | | 黒崎 |
| 深津 | | 柳 |
| 高橋 | | 乾 |
| 奥山 | | 谷内田 |
| 高江 | | 西谷 |
| 佐野 | | 佐藤 |
| 吉尾 | | 溝渕 |
| 平戸 | | 矢野 |
| 太田 | | 豊田 |
| 中島 | | 有馬 |
| (4・5・1) | | (3・4・3) |
| 9 | SH | 2 |
| 7 | CK | 3 |
| 7 | FK | 15 |
| 0 | PK | 0 |

# FC町田ゼルビア × 栃木SC

## 堅守光るも決め手を欠く

ＦＣ町田ゼルビアとスコアレスドロー。前半から町田がボールを支配し、守備に追われる局面が続く。攻撃はロングスローや速攻から何度か好機をつくったがゴールに迫る場面は少なかった。後半も流れは変わらず、自陣に引いた守備で入ってきたパスをはね返す展開。終盤にはＦＷ大島康樹、ＭＦジュニーニョらを投入したが状況は打開できず引き分けとなった。

○交代
【町】安井(後25分、平戸)
郭大世(後25分、中島)
岡田(後38分、太田)
長谷川(後46分、吉尾)
【栃】大島(後18分、谷内田)
ジニー(後25分、有馬)
山本(後41分、溝渕)
三國(後41分、豊田)

SEASON PLAYBACK 2021

## 第36節 10月31日(日)

栃木県グリーンスタジアム＝3713人

| | | |
|---|---|---|
| 山形 | | 栃木 |
| 19勝7分け10敗(64) | | 8勝14分け14敗(38) |
| 2 | 0−0<br>2−1 | 1 |
| 藤嶋 | GK | オビ |
| 半田 | | 黒崎 |
| 山崎 | | 柳 |
| 熊本 | | 乾 |
| 山田拓 | | 谷内田 |
| 中原 | | 西谷 |
| 藤田 | | 佐藤 |
| 南 | | 溝渕 |
| 樺山 | | 矢野 |
| Vアラ | | 豊田 |
| 山田康 | | 畑 |
| (4・4・2) | | (3・4・3) |
| 8 | SH | 9 |
| 3 | CK | 3 |
| 14 | FK | 12 |
| 0 | PK | 0 |

○得点
【山】藤田⑤ビニシウスアラウージョ⑧
【栃】谷内田③
○交代
【栃】森(後12分、谷内田)
ジニー(後12分、豊田)
松本(後31分、西谷)
山本(後31分、畑)
三國(後40分、佐藤)
【山】マルテ(後18分、中原)
加藤(後18分、樺山)
林(後36分、Vアラ)
国分(後36分、山田康)
松本怜(後40分、熊本)

# モンテディオ山形 × 栃木SC

## 攻撃が空転、4試合ぶり黒星

モンテディオ山形に１-２で敗れ、4試合ぶりの黒星を喫した。前半を０－０で折り返したが、後半開始１分、右サイドを崩され先制点を献上。その２分後に敵陣でＦＷ畑潤基がボールを奪い、パスを受けたＭＦ谷内田哲平がシュートを決めて追いついた。その後も再三決定機を迎えたが生かし切れず、逆に後半27分に失点。終盤には決定的なシュートを何本も放ったが相手ＧＫに阻まれた。

# 土壇場被弾、ホームで連敗

# ジェフユナイテッド千葉 × 栃木SC

ジェフユナイテッド千葉に0－1で敗れ、ホームでの連敗となった。序盤は互いにボールを奪い合う展開から徐々に千葉ペースに。何度かピンチに見舞われたが、GKオビ パウエル オビンナの好守でしのいだ。後半も主導権を握れず守備で我慢する時間が続いたが、41分、左サイドから上げられたクロスを防げず、千葉のヘディングによる決勝シュートを許してしまった。

## 第37節　11月3日(水)

**栃木県グリーンスタジアム＝3051人**

| 千葉<br>15勝12分け10敗(57) | | 栃木<br>8勝14分け15敗(38) |
|---|---|---|
| 1 | 0－0<br>1－0 | 0 |
| 新井章 | GK | オビ |
| 岡野 | | 黒﨑 |
| 新井一 | | 柳 |
| 鈴木大 | | 乾 |
| 福満 | | 山本 |
| 末吉 | | 佐藤 |
| 田口 | | 谷内田 |
| 熊谷 | | 松本 |
| 見木 | | 大島 |
| 船山 | | 畑 |
| 桜川 | | ジニー |
| (3・5・2) | | (3・5・2) |
| 8 | SH | 4 |
| 8 | CK | 3 |
| 20 | FK | 13 |
| 0 | PK | 0 |

○得点
【千】鈴木大③
○交代
【栃】矢野(後1分、谷内田)
西谷(後1分、松本)
有馬(後30分、ジニー)
三國(後44分、山本)
【千】安田(後15分、福満)
米倉(後15分、末吉)
サウダ(後15分、船山)

## 第38節　11月7日(日)

**秋田市ソユースタジアム＝2411人**

| 秋田<br>11勝14分け13敗(47) | | 栃木<br>8勝15分け15敗(39) |
|---|---|---|
| 1 | 1－0<br>0－1 | 1 |
| 田中 | GK | オビ |
| 藤山 | | 黒﨑 |
| 千田 | | 柳 |
| 増田 | | 乾 |
| 高瀬 | | 溝渕 |
| 才藤 | | 西谷 |
| 中村 | | 佐藤 |
| 輪笠 | | 森 |
| 飯尾 | | 矢野 |
| 武 | | 畑 |
| 斎藤 | | 豊田 |
| (4・4・2) | | (3・4・3) |
| 5 | SH | 3 |
| 9 | CK | 6 |
| 10 | FK | 14 |
| 0 | PK | 0 |

# ブラウブリッツ秋田 × 栃木SC

# 我慢比べ　粘ってドロー

ブラウブリッツ秋田と1－1で引き分け、連敗を2で止めた。前半からロングボールを蹴り合う展開となり、空中戦で激しくボールを奪い合う場面が多かった。その中で14分に先制点を献上。思うように攻められず前半はシュート0本で終わった。後半は敵陣でボールを奪う場面が増え、10分にゴール前でのこぼれ球をFW豊田陽平が豪快に蹴りこみ同点に追いついた。

○得点
【秋】中村④
【栃】豊田③
○交代
【秋】茂(後30分、高瀬)
半田(後30分、斎藤)
【栃】小野寺(後24分、西谷)
三國(後34分、畑)

## 第39節 11月13日(土)

長崎県諫早市トランスコスモススタジアム＝6795人

# V・ファーレン長崎 × 栃木SC

## 自滅で完敗、6戦勝ちなし

V・フォーレン長崎に0 - 3と完敗を喫し、6試合連続勝ちなしとなった。前半開始早々の4分、FKからのこぼれ球を押し込まれて先制点を献上。14分にはGKオビ パウエル オビンナが一度止めたPKのこぼれ球を決められた。後半は23分にオビが与えたPKで決定的な3点目を奪われた。

| 長崎 | | 栃木 |
|---|---|---|
| 22勝8分け9敗(74) | | 8勝15分け16敗(39) |
| 3 | 2−0<br>1−0 | 0 |
| 高木和 | GK | オビ |
| 毎熊 | | 黒﨑 |
| 二見 | | 柳 |
| 江川 | | 乾 |
| 米田 | | 谷内田 |
| Wハト | | 佐藤 |
| カイセ | | 西谷 |
| 鍬先 | | 溝渕 |
| 沢田 | | 矢野 |
| 加藤大 | | 豊田 |
| 植中 | | ジニー |
| (4・4・2) | | (3・4・3) |
| 11 | SH | 6 |
| 0 | CK | 6 |
| 18 | FK | 11 |
| 2 | PK | 0 |

○得点
【長】江川②
ウエリントンハット⑤
都倉(PK)⑥
○交代
【長】加藤聖(後16分、沢田)
都倉(後16分、植中)
山崎(後26分、米田)
大竹(後39分、Wハト)
名倉(後39分、加藤大)
【栃】山本(後1分、谷内田)
森(後1分、豊田)
松岡(後25分、ジニー)
小野寺(後40分、佐藤)
三國(後40分、西谷)

## 第40節 11月21日(日)

カンセキスタジアムとちぎ＝4038人

# 栃木SC × ツエーゲン金沢

## 小野寺輝き7戦ぶり白星

ツエーゲン金沢に1 - 0で勝利、7試合ぶりの白星を挙げた。前半は金沢の前線にシンプルにパスを送る攻撃に対し、粘り強い守備で対抗。25分にＤＦ黒﨑隼人が放ったミドルシュートは外れたが、35分、27試合ぶりに先発に名を連ねたＤＦ小野寺健也がＦＫを頭で決めて待望の先制点を挙げた。後半終盤はロングボールを多用してくる金沢の攻撃に5バックで対応し、そのまま逃げ切った。

| 栃木 | | 金沢 |
|---|---|---|
| 9勝15分け16敗(42) | | 9勝10分け21敗(37) |
| 1 | 1−0<br>0−0 | 0 |
| オビ | GK | 後藤 |
| 小野寺 | | 松田 |
| 柳 | | 広井 |
| 乾 | | 庄司 |
| 黒﨑 | | 渡辺 |
| 佐藤 | | 嶋田 |
| 森 | | 藤村 |
| 溝渕 | | 大橋 |
| 山本 | | 平松 |
| 矢野 | | 丹羽 |
| ジニー | | 大谷 |
| (3・4・3) | | (4・4・2) |
| 8 | SH | 3 |
| 3 | CK | 3 |
| 11 | FK | 13 |
| 0 | PK | 0 |

○得点
【栃】小野寺①
○交代
【栃】大島(後32分、山本)
三國(後32分、ジニー)
畑(後39分、森)
有馬(後48分、溝渕)
【金】長峰(後19分、平松)
瀬沼(後28分、丹羽)
杉浦恭(後28分、大谷)
力安(後45分、松田)

## 第41節 11月28日(日)

ミクニワールドスタジアム北九州＝5638人

# 栃木SC × ギラヴァンツ北九州

## 連勝で自力残留を決める

ギラヴァンツ北九州に2－1と競り勝ち連勝、自力でJ2残留を決めた。前半は北九州のパス回しに対し我慢の守備で対応し、27分、CKにDF柳育崇が頭で合わせて先制。後半も前線の守備で鋭さを発揮しながら好機を演出し、35分、DF黒﨑隼人が出したパスをMF佐藤祥が豪快にミドルシュートを決め、貴重な追加点を挙げた。ロスタイムに1点を失ったものの、最後は守備を固めて逃げ切った。

| 栃木<br>10勝15分け16敗(45) | | 北九州<br>7勝14分け20敗(35) |
|---|---|---|
| 2 | 1－0<br>1－1 | 1 |
| オビ | GK | 田中 |
| 小野寺 | | 岡村 |
| 柳 | | 野口 |
| 乾 | | 生駒 |
| 黒﨑 | | 福森 |
| 山本 | | 高橋 |
| 佐藤 | | 前川 |
| 溝渕 | | 新垣 |
| ジニー | | 西村 |
| 矢野 | | 井沢 |
| 森 | | 狩土名 |
| (3・4・3) | | (4・5・1) |
| 8 | SH | 5 |
| 6 | CK | 4 |
| 7 | FK | 13 |
| 0 | PK | 0 |

○得点
【栃】柳⑦佐藤②
【北】西村②
○交代
【北】針谷(前7分、井沢)
椿(後15分、新垣)
富山(後15分、狩土名)
永田(後39分、野口)
新井(後39分、前川)
【栃】西谷(後17分、小野寺)
有馬(後17分、ジニー)
畑(後31分、山本)
菊池(後31分、森)
三國(後43分、溝渕)

## 第42節 12月5日(日)

カンセキスタジアムとちぎ＝5676人

# FC琉球 × 栃木SC

## シーズン最終戦白星ならず

FC琉球に1－2と逆転負けを喫し、ホームでのシーズン最終戦を白星で飾ることはできなかった。前半からボールを支配され、自陣で守備に回る苦しい展開だった。後半は守備の鋭さを取り戻す中、19分、DF柳育崇が右足を振りぬいて待望の先取点をゲット。しかし、左サイドを崩されて24分に同点にされると、31分には痛恨の勝ち越し点を許してしまった。

| 琉球<br>18勝11分け13敗(65) | | 栃木<br>10勝15分け17敗(45) |
|---|---|---|
| 2 | 0－0<br>2－1 | 1 |
| 田口 | GK | オビ |
| 金井 | | 小野寺 |
| 岡崎 | | 柳 |
| 福井 | | 乾 |
| 沼田 | | 黒﨑 |
| 風間希 | | 植田 |
| 富所 | | 佐藤 |
| 風間矢 | | 溝渕 |
| 清武 | | 山本 |
| 茂木 | | 矢野 |
| 池田 | | 有馬 |
| (4・5・1) | | (3・4・3) |
| 6 | SH | 6 |
| 7 | CK | 1 |
| 12 | FK | 5 |
| 0 | PK | 0 |

○得点
【琉】清武⑨赤嶺③【栃】柳⑧
○交代
【栃】大島(後16分、植田)
畑(後16分、山本)
上田(後33分、小野寺)
菊池(後33分、有馬)
面矢(後41分、溝渕)
【琉】赤嶺(後29分、茂木)
鳥養(後43分、風間矢)
上原慎(後45分、清武)

# 栃木SC シーズンレビュー 2021 “奮起”

TOCHIGI SC SEASON REVIEW

2021年12月25日　初版第１刷　発行

## STAFF

編集・発行　下野新聞社
〒320-8686　栃木県宇都宮市昭和１-8-11
TEL.028-625-1135（コンテンツ創造部）FAX.028-625-961
https://www.　shimotsuke.co.jp

ライター　鈴木康浩（栃木フットボールマガジン主宰）
星国典（下野新聞社　運動部）

フォトグラファー　下野新聞社
写真映像部　福田　　守
近藤　文則
青柳　修
菊地　政勝
柴田　大輔
橋本　裕太
石塚　万知

写真提供：栃木SC

アートディレクター　宇梶敏子（Teetz）

デザイナー　大橋敏明（スタジオオオハシ制作）

印刷・製本　株式会社　井上総合印刷